卓越智库
Outstanding Think Tank

让小区治理运转起来

基于全景化及实践性的视角分析

杨君　郭琴　卢恋　主编

暨南大学出版社
JINAN UNIVERSITY PRESS

中国·广州

图书在版编目（CIP）数据

让小区治理运转起来：基于全景化及实践性的视角分析/杨君，郭琴，卢恋主编. —广州：暨南大学出版社，2018.12
（暨南卓越智库丛书）
ISBN 978-7-5668-2410-3

Ⅰ. ①让… Ⅱ. ①杨… ②郭… ③卢… Ⅲ. ①社区管理—研究—中国
Ⅳ. ①D669.3

中国版本图书馆 CIP 数据核字（2018）第 139626 号

让小区治理运转起来：基于全景化及实践性的视角分析
RANG XIAOQU ZHILI YUNZHUAN QILAI：JIYU QUANJINGHUA JI SHIJIANXING DE SHIJIAO FENXI
主　编：杨　君　郭　琴　卢　恋

出 版 人：徐义雄
策划编辑：黄圣英
责任编辑：雷晓琪
责任校对：曾小利
责任印制：汤慧君　周一丹

出版发行：暨南大学出版社（510630）
电　　话：总编室（8620）85221601
营销部（8620）85225284　85228291　85228292（邮购）
传　　真：（8620）85221583（办公室）　85223774（营销部）
网　　址：http：//www.jnupress.com
排　　版：广州市天河星辰文化发展部照排中心
印　　刷：广州市穗彩印务有限公司
开　　本：787mm×1092mm　1/16
印　　张：8.75
字　　数：176 千
版　　次：2018 年 12 月第 1 版
印　　次：2018 年 12 月第 1 次
定　　价：35.00 元

总　序

2018年是国家改革开放40周年，也是暨南大学创办112周年。10月24日习近平总书记在视察广东工作期间亲莅暨南大学，在听取相关校情介绍并与师生交流后，充分肯定了学校办学成果与独特作用，并勉励广大学子好好学习，早日成才，为社会作出贡献，把中华优秀传统文化传播到五湖四海。习近平总书记的讲话为学校未来发展指明了方向。

饮水思源，不忘根本。素有“百年侨校”美誉的暨南大学是第一所由国家创办的华侨高等学府。“暨南”二字出自《尚书·禹贡》：“东渐于海，西被于流沙，朔南暨，声教讫于四海。”意即面向南洋，将中华文化远播至五洲四海。“宏教泽而系侨情”是学校一以贯之的办学宗旨。改革开放后，学校在党中央、国务院和广东省委省政府的大力支持下快速发展。1996年，暨南大学成为全国面向21世纪重点建设大学。2011年，国务院侨办、教育部、广东省政府签署共建暨南大学协议。2015年，学校入选广东省高水平大学重点建设高校。2017年，学校入选国家“双一流”建设高校。建校至今，暨南大学共培养了来自世界五大洲170多个国家和中国港澳台地区的各类人才30余万人，堪称有海水的地方就有暨南人。

暨南大学师资力量雄厚，科研实力较强。近年来，在“搭大平台、组大团队、拿大项目、出大成果”的科研思路指导下，特别是在高水平大学和“双一流”大学战略机遇推动下，暨南大学以体制机制改革为重点，不断加强内外协同，突出内涵建设和质量提升，科学研究能力持续提升。2011年以来，学校人文社科领域共获批国家社科基金重大项目37项、其他类型国家社科项目近250项；其中，近三年国家社科基金重大项目立项数居全国高校前10位，国家社科基金年度项目立项数及排名近年也屡创新高。同时，人文社科领域高端成果不断涌现，2011 年以来共获全国高校人文社科优秀成果奖 18 项，在《中国社会科学》杂志发表论文 12 篇，在 SSCI、A&HCI 等国外权威索引期刊发表论文近千篇。

在做好基础研究的同时，暨南大学始终坚持“顶天立地”、学以致用的科研发展理念，始终瞄准国家重大发展战略、经济社会发展重大需求，积极发挥思想库和智囊团的作用，而智库即是发挥资政启民作用的重要抓手。

2013 年党的十八届三中全会通过的《中共中央关于全面深化改革若干重大问题的决定》提出，加强中国特色新型智库建设，建立健全决策咨询制度。2014 年 10 月 27 日，中央全面深化改革领导小组第六次会议审议了《关于加强中国特色新型智库建设的意见》。意见指出，当前全面建成小康社会进入决定性阶段，破解改革发展稳定难题和应对全球性问题的复杂性、艰巨性前所未有，迫切需要健全中国特色决策支撑体系，大力加强智库建设，以科学咨询支撑科学决策，以科学决策引领科学发展。2016 年 5 月 17 日，习近平总书记在主持召开哲学社会科学工作座谈会时进一步指出：智库建设要把重点放在提高研究质量、推动内容创新上。要加强决策部门同智库的信息共享和互动交流，把党政部门政策研究同智库对策研究紧密结合起来，引导和推动智库建设健康发展、更好地发挥作用。2017 年，加强中国特色新型智库建设写入党的十九大报告。

在中央关于大力发展智库建设的精神和要求指引下，暨南大学结合优势与特色研究，启动了“暨南卓越智库”建设，该项建设是暨南大学提升为国服务能力、推进成果转化机制与产学研合作模式的一项重大举措，是在国家提升治国理政能力和推进创新驱动发展战略背景下，依托优势和特色学科进一步提高学校为国服务能力的重大决策。为聚焦智库建设内涵，暨南卓越智库充分依托华侨华人、“一带一路”等品牌与特色，不断强化重大前沿问题研究，始终强调成果的转化和应用，“暨南卓越智库”建设 5 年多来，学校智库平台和团队社会服务能力逐步提升，并取得了许多突出成绩。

1. 服务党和政府决策

华侨华人研究智库平台向中央政治局、国务院侨办、中国侨联、中联部、外交部、广东省等提交各类内部报告近百篇，并有7篇获得党和国家领导人的批示，其中中美关系问题、南海问题、沿边地区侨务工作、国家软实力与侨务工作研究等研究报告受到党中央的重视。“少数民族侨情调研”系列侨情报告得到原政协主席俞正声等的长篇批示，国家公安部、外交部等七部委专门就报告所提建议召开专题会议。舆情与国家治理智库团队提交关于埃博拉病毒、云南鲁甸地震及香港相关议题等研究报告获得习近平总书记、李克强总理等党和国家领导人的重要批示。

2. 响应“一带一路”倡议

暨南大学在“一带一路”研究领域实力突出，目前共获批该领域国家社科基金重大项目“构建21世纪‘海上丝绸之路’的社会与文化基础研究”“‘一带一路’战略视野下我国沿边地区侨情调研”“东南亚安全格局对我实施‘21世纪海上丝绸之路’战略的影响研究”以及“共生理论视角下中国与‘一带一路’国家间产业转移模式与路径研究”四项。已连续发行《21世纪丝绸之路研究动态》《“一带一路”健康医疗动态汇编》《东南亚研究动态资料》《中新关系》《中美问题周报》等系列研究报告，在该领域产生持续影响力。

3. 对接大湾区发展战略

我校澳门研究院2016年获批国家社科基金重大招标项目“鸦片战争后港澳对外贸易文献整理与研究”；经纬粤港澳大湾区经济发展研究院承担了2017年国家社科基金重点项目“基于多极网络空间组织的区域协调发展机制深化及创新研究”，撰写的《关于粤港澳大湾区建设若干重大问题的建议》由台盟中央直接报送党和国家领导人，撰写的《关于广州增强粤港澳大湾区核心增长极能力的建议》《粤港澳大湾区建设中可能出现问题的提前研判和应对》获得广州市委书记张硕辅、市长温国辉、人大主任陈建华正面批示；绿色与低碳研究院撰写的《建设粤港澳大湾区绿色金融的对策建议》获广州市委书记张硕辅、市长温国辉正面批示。

4. 攻关社会发展难题

我校产业经济智库围绕产业结构升级、产业双转移、产业发展规划等主题开展深入研究，承担广东省职能部门以及各市委托的课题200多项，充分发挥智库咨政功能，推动经济转型升级。据不完全统计，广东省五分之四地市的产业规划均由该智库负责制定。地方立法与法治智库团队积极参与政府各项法律法规的制定工作，为立法体系完善、政府依法行政献计献策。

应当看到，一个智库的发展壮大，除了需要有强盛的综合国力与理性的社会群体作为支撑，还需要来自政府、非政府组织甚至公司企业的支持。与此同时，学者也有义务、有责任将自身研究的成果面向社会公众进行解读，答疑解惑，满足人民群众对掌握新思想新知识的需求。有鉴于此，我们将暨南卓越智库建设（2015—2018）的部分研究成果集结成册，汇编成“暨南卓越智库丛书”第一辑。这套丛书收录了地方立法与法治、大都市治理与政府转型、舆情与国家治理、新工业革命、沿边侨情与国家安全、海外华文与侨务文化战略等智库团队的成果，同时也展现了我校科研团队笃学勤思的风采。

情系家国，薪火相传。暨南卓越智库建设，成就可圈可点，未来大有可为，我们也希望有更多研究团队加入其中，群策群力助力暨南卓越智库跨越式发展，擦亮暨南金字招牌，为建设国内一流、世界知名的高水平大学添砖加瓦。

宋献中

2018年11月

前言

“安得广厦千万间，大庇天下寒士俱欢颜”，在传统社会中，民众对于居所的诉求可能首先是建筑物自身的基本功能，例如遮风避雨；但进入现代社会后，良好的环境、便捷的交通、优质的小区服务以及物业的保值增值都逐渐成为应有之义。这些都需要在完善居所“硬件”建设的同时，同步提升小区治理水平的“软件”要素。

改革开放以后，随着住房制度改革的推行，越来越多的居民拥有了自己的房子以及基于房子的权利。这不仅意味着居民从职工到业主的身份转换，同时也意味着在住房商品化背景下，围绕小区治理的新型社会关系的衍生与嬗变。即由“单位—住户”的一元关系演变为囊括房产开发商、物业服务企业、街道办、居委会以及业主等的复杂多元关系。从近些年各类文献和实践所反馈出的情况来看，小区治理并非是一蹴而就的事情，而当下小区治理的平均水平离大家的预期还有一定的距离。此外，伴随着住房商品化改革以及城市社区治理模式转变，城镇化在环境污染、交通拥堵等城市病之外还产生了一种新型“病体”——物业纠纷，这将深刻地影响着百姓安居乐业的梦想。

回顾已有的文献，我们发现小区治理需要面对形态多样的物业纠纷，特别是同时涉及市场、官僚以及社会等诸多机制缺陷时，仅从一个学科视角探讨其运转逻辑以及治理之道可能会使小区治理研究事倍功半，甚至陷入乌托邦设计的陷阱。

因此，本书希望能打破既往文献中各学科对小区治理研究自说自话的窘境，尝试从社会学、管理学、法学等多维视角出发，对小区治理进行理论上的全景式分析探讨。通过法学视角对涉及小区治理的概念进行法律角度的界定，在管理学基础上考察小区治理运转起来的条件，基于社会学视角对小区治理中最重要的“维权”行动进行解释分析，从政治学视角对小区自治的可能性和现状进行剖析。

在此基础上，本书还对我国小区治理创新探索的典型案例进行了梳理，旨在为实现小区治理良好运转提供他山之石。最后，本书还提出了一些针对小区治理的对策建议，希望能对正在探索小区治理善治之路的读者有所帮助和启发。

目　录

第一章　小区治理分析的多维视角

第一节　问题的提出

“安居乐业”是民众幸福生活的基石，对于城镇居民来说，要想实现“安居”的梦想，除了需具备住房等硬件基础，优良的小区治理等软环境要素也必不可少。国家统计局公布的数据显示：2017 年全国商品房销售面积 16.94 亿平方米，较上年增长 7.7%。销售额方面，2017 年全国商品房销售额 13.37 万亿元，较上年增长 13.7%，双双刷新历史纪录。与住房市场规模同样快速增长的还有物业纠纷数量。据新华社报道，“在上海，每年的物业纠纷案件有约 2 万起，进入基层法院立案的纠纷呈现激增趋势；在江苏南京，平均每天有 140 多起涉物业投诉，仅 2016 年当地法院就受理了约 1.3 万起物业纠纷，同比增长 29%；在广西南宁，某区法院的一个法庭一年就受理物业纠纷 500 多起，占该庭全年收案数的四分之一。”①

南京市中级人民法院民四庭的报告将物业纠纷主要分为五大类，分别是物业服务企业追讨物业费纠纷；业主财物、人身受损要求物业服务企业承担损害赔偿责任案件；与业主自治管理相关的业主撤销权、业主知情权案件；物业移交产生的纠纷；业主委员会和房地产开发商之间有关公共配套设施的权属纠纷。② 多数物业纠纷可以看到相同的“套路”：物业公司自称收不抵支，导致服务质量下降—业主拒缴物业费—物业公司将业主告上法庭—业主败诉但拒绝执行判决—物业公司以各种手段骚扰业主—业主以各种手段还击—物业纠纷闹得沸沸扬扬。③ 同时，近年来组建发挥作用的业主委员会也成为不少物业纠纷的“推手”，业主大会本是业主实现自治的组织载体，业主委员会受业主大会委托行使业主权利。然而不少业主委员会受“强人把持”，业主大会和业主委员会形同虚设，更有业

---

① 杨绍功．每日电讯：解决物业纠纷，关键要找到最大公约数［EB/OL］．http：//opinion. people. com. cn/n1/2017/0714/c1003 -29404475. html.

② 丁国锋．物业纠纷渐成“城市病”亟待合力诊治［N］．法制日报，2017 -05 -10.

③ 杨绍功．每日电讯：解决物业纠纷，关键要找到最大公约数［EB/OL］．http：//opinion. people. com. cn/n1/2017/0714/c1003 -29404475. html.

主委员会成员与物业服务企业和房地产开发商勾结，收受利益，损害业主的权利。由物业纠纷引起的社会治安事件也层出不穷，业主委员会主任与小区保安大打出手的新闻时有曝光，造成了恶劣的社会影响。

各种数据以及社会现实都说明物业纠纷已成为继人口膨胀、交通拥堵、环境恶化、房价高涨之后的又一大“城市病”。随着我国住宅商品化制度改革，原来的单位供给住房逐渐转变为商品化供给住房。与此相应，由业主自治管理小区的制度取代了过去单位管理或政府管理的居住物业制度。如果说原来是等级组织，那么业主自治就是业主自治或协商管理。① 在此情境下，政府如何推动业主自治，如何理清业主与物业服务企业、房地产开发商之间的关系，成为老百姓关注的议题。

面对不断涌现的小区治理问题，国家也在不断完善相关的制度和措施，以回应社会需求。2016 年国务院印发的《中共中央国务院关于进一步加强城市规划建设管理工作的若干意见》中明确提出：“以社区服务型党组织建设带动社区居民自治组织、社区社会组织建设。增强社区服务功能，实现政府治理和社会调节、居民自治良性互动。”② 同时，新建住宅要推广街区制，原则上不再建设封闭式住宅小区。目的也是加强居民间的交流沟通，实现共治。党的十九大报告也明确提出要提高保障和改善民生水平，加强和创新社会治理。报告明确指出，打造共建共治共享的社会治理格局。加强社区治理体系建设，推动社会治理重心向基层下移，发挥社会组织作用，实现政府治理和社会调节、居民自治良性互动。③

从居民个体的角度看，随着中国经济的蓬勃发展，以超高房价为代价的“居住革命”被认为将是一件深刻改变中国面貌的大事。对中国绝大部分居民而言，房产几乎都是倾其所有才获得的一种重要私有财产。④ 如何保护业主的合法权益，让倾注其毕生心血甚至几代人财富的物业物有所值和保值增值，也是小区治理需要关注的话题。

国内学术界早已关注到以上问题。各学科领域的学者都在探索利用学科领域知识为解决上述问题提供“良方”。因此本书将在第一章综述各学科近年来对小区治理的研究成果，为读者提供小区治理研究的总体概览，继而为后文的研究叙述作铺垫。

---

① 高富平．我国居住物业法律制度设计的缺陷及校正——物业小区开放的目的和意义［J］．河北法学，2017，35（11）：14－21.

② 中共中央国务院关于进一步加强城市规划建设管理工作的若干意见［N］．中华人民共和国国务院公报，2016－03－10.

③ 习近平．决胜全面建成小康社会　夺取新时代中国特色社会主义伟大胜利——习近平同志代表第十八届中央委员会向大会作的报告［N］．人民日报，2017－10－19.

④ 杨玉圣．小区善治研究［M］．北京：社会科学文献出版社，2014：3.

第二节 研究小区治理的法学视角

我国现行关于小区治理的全国性法律文件主要有《中华人民共和国物权法》《最高人民法院关于审理建筑物区分所有权纠纷案件具体应用法律若干问题的解释》以及国务院颁布的《中华人民共和国物业管理条例》（以下简称《物业管理条例》）。各地方政府根据各地具体情况制定了地方性的物业管理条例，如《深圳经济特区物业管理条例》《北京市物业管理办法》《上海市住宅物业管理规定》《广州市物业管理暂行办法》等。

目前上到中央，下至地方都出台了一系列的法律法规，推进了小区治理法制化的进程。然而有学者认为，目前国家颁布的相关法律法规都缺乏对相应法律名词的解释，使公众不能有效地理解国家的法律条法，从而影响公众维权。因此，在现有的法学研究中，众多学者对相关的法律名词分别进行辨析，以期为现有的法律实践服务。为了更有效地介绍后文的法律视角，本书先对与小区治理有关的法律概念进行全面梳理。

一、相关法律概念辨析

这些名词包括但不仅限于“建筑物区分所有权”“业主”“业主大会”“业主委员会”“物业服务企业”。

（一）建筑物区分所有权

《中华人民共和国物权法》（以下简称《物权法》）第六章第七十条至第八十三条都涉及业主的建筑物区分所有权。《物权法》第七十条规定建筑物区分所有权为业主对建筑物内的住宅、经营性用房等专有部分享有所有权，对专有部分以外的共有部分享有共有和共同管理的权利。[①]

在区分所有权的性质上，法律学界和《物权法》第七十条都采取了“三元论”的观点，即立法在建筑物区分所有权的构成中，将业主对公共物业财产的权利区分为共有权和共同事务的管理权。[②]

华东政法大学法律学院高富平教授认为，区分所有是对独立的单元享有独立所有权与对共用部分享有共同所有权相结合的一种复合性房屋所有权形式。但

---

① 于飞．物业管理与物业服务的区分与交叉——兼论我国物业立法概念运用之准确化［J］．浙江社会科学，2012（6）：57－64，157－158.

② 尤佳．团体法视角下业主对公共物业财产权利的性质之反思［J］．法学家，2013（2）：52－66，177.

是，区分所有并不是专有权与共有权简单相加，而是有机结合和相互影响。业主对专有部分的权利虽可独立行使，但因专有部分离不开共有部分而存在，共有部分服务于专有部分，所以共有权往往会限制专有权行使的自由。所以，区分所有的共有权行使往往借助团体实现。为此一定范围的区分所有业主基于共有关系自然地形成业主团体，通过业主团体形成行使共有权；因这种共有权通过团体行使，共有权又演化为成员权或管理权。① 建筑物区分所有权便为业主行使自我管理提供了法律上的依据。而业主行使权利的载体就是后文将提到的业主大会以及业主委员会。

（二）业主

当代意义的“业主”一词来源于香港。“业主”通常指城市拥有商品房小区房产者这一特定群体。②《物权法》以及《物业管理条例》对“业主”的界定均为房屋的所有权人。根据《最高人民法院关于审理建筑物区分所有权纠纷案件具体应用法律若干问题的解释》第一条的规定：“依法登记取得或者根据物权法第二章第三节规定取得建筑物专有部分所有权的人，应当认定为物权法第六章所称的业主。基于与建设单位之间的商品房买卖民事法律行为，已经合法占有建筑物专有部分，但尚未依法办理所有权登记的人，可以认定为物权法第六章所称的业主。”③

《物业管理条例》规定，下列事项必须由业主共同决定：①制定和修改业主大会议事规则；②制定和修改管理规约；③选举业主委员会或者更换业主委员会成员；④选聘和解聘物业服务企业；⑤筹集和使用专项维修资金；⑥改建、重建建筑物及其附属设施；⑦有关共有和共同管理权利的其他重大事项。④ 业主大会对“筹集和使用专项维修资金”“改建、重建建筑物及其附属设施”这两项事务作决定时，应当经专有部分占建筑物总面积2/3以上的业主且占总人数2/3以上的业主同意。决定前款其他事项，应当经专有部分占建筑物总面积过半数的业主且占总人数过半数的业主同意。⑤

近年来，业主维权越发困难。业主维权的原因主要是房产质量以及物业管理问题。开发商以及物业服务企业基于“经济人”假设以及利用信息不对称，在一定程度上侵害了部分业主的合法利益。然而作为“有房一族”的中产阶级，单个业主维权显得分外艰难，难以面对力量庞大的房地产开发商以及物业服务企

---

① 高富平．我国居住物业法律制度设计的缺陷及校正——物业小区开放的目的和意义［J］．河北法学，2017，35（11）：14－21.

② 杨玉圣．小区善治研究［M］．北京：社会科学文献出版社，2014：7.

③ 朱涛．中国业主组织主体地位的演进与建构［J］．私法研究，2015，17（1）.

④ 物业管理条例［EB/OL］．http：//www．gov．cn/gongbao/content/2016/content_ 5139402．htm.

⑤ 物业管理条例［EB/OL］．http：//www．gov．cn/gongbao/content/2016/content_ 5139402．htm.

业。业主必须联合起来，共同维权，因此业主大会“应运而生”。

（三）业主大会

《物权法》第七十五条规定：“业主可以设立业主大会，选举业主委员会。”① 《物业管理条例》第八条规定：“物业管理区域内全体业主组成业主大会。业主大会应当代表和维护物业管理区域内全体业主在物业管理活动中的合法权益。”② 业主大会是依法设立的，且《物权法》第七十八条规定：“业主大会或者业主委员会的决定，对业主具有约束力。业主大会或者业主委员会作出的决定侵害业主合法权益的，受侵害的业主可以请求人民法院予以撤销。”③

《中华人民共和国物业管理条例》第十条规定：“同一个物业管理区域内的业主，应当在物业所在地的区、县人民政府房地产行政主管部门或者街道办事处、乡镇人民政府的指导下成立业主大会，并选举产生业主委员会。但是，只有一个业主的，或者业主人数较少且经全体业主一致同意，决定不成立业主大会的，由业主共同履行业主大会、业主委员会职责。”④ 而《上海市住宅物业管理规定》规定更严格：“一个物业管理区域内，房屋出售并交付使用的建筑面积达到百分之五十以上，或者首套房屋出售并交付使用已满两年的，应当召开首次业主大会会议，成立业主大会。”⑤ 上海市对业主大会召开的这一严格规定，使得上海市业主自治意识普遍较强，业主委员会的成立比例也更高。

（四）业主委员会

由住房和城乡建设部颁布的《业主大会和业主委员会指导规则》第三条规定：“业主委员会由业主大会依法选举产生，履行业主大会赋予的职责，执行业主大会决定的事项，接受业主监督。”⑥《物业管理条例》第十五条规定：“业主委员会执行业主大会的决定事项，履行下列职责：（一）召集业主大会会议，报告物业管理的实施情况；（二）代表业主与业主大会选聘的物业服务企业签订物业服务合同；（三）及时了解业主、物业使用人的意见和建议，监督和协助物业服务企业履行物业服务合同；（四）监督管理规约的实施；（五）业主大会赋予的其他职责。”⑦

---

① 杨玉圣．小区善治研究［M］．北京：社会科学文献出版社，2014：7.

② 物业管理条例［EB/OL］．http：//www．gov．cn/gongbao/content/2016/content_ 5139402．htm.

③ 中华人民共和国物权法［EB/OL］．http：//www．npc．gov．cn/wxzl/gongbao/2007 – 03/16/content_ 5366956．htm.

④ 物业管理条例［EB/OL］．http：//www．gov．cn/gongbao/content/2016/content_ 5139402．htm.

⑤ 上海市住宅物业管理规定［J］．中国物业管理，2004（6）：9 – 12.

⑥ 见《业主大会和业主委员会指导规则》（建房〔2009〕274 号）。

⑦ 中华人民共和国民事诉讼法［EB/OL］．http：//www．npc．gov．cn/wxzl/gongbao/2000 – 12/05/content_ 5004551．htm.

业主委员会的成立体现了公民参与意识的提高。然而，我国大部分商品房小区都没有成立业主委员会。网络媒体数据显示，截至2016年，上海商品房小区业主委员会的成立比例为近90%，深圳为近35%，北京为30%。《上海市住宅物业管理规定》中严格规定商品房小区应当召开业主大会的情况。业主大会的召开有助于促进公民参与小区建设，进而推动业主委员会的建立，但在房地产市场发展较快的北京和深圳，业主委员会成立比例均没有超过50%；在我国其他地区，业主委员会更像是一种传说。

业主委员会的法律地位一直是学界争论的焦点。最高法院在早期的复函中认为业主委员会符合《中华人民共和国民事诉讼法》第四十条规定的“其他组织”的条件，可以以自己名义提起诉讼。上海市高级人民法院认为只有符合条件的业主委员会可以作为原告提起行政诉讼。而这些条件的实质是需要通过业主大会决议赋予业主委员会以起诉的权利，并需要预先明确诉讼费用的分担方式。北京市高级人民法院规定了业主委员会可以作为原告参加诉讼的具体情形。重庆市高级人民法院规定了业主委员会可以成为原告，并且在符合意见要求的条件下，可以成为被告。颇有意思的是，上述解释的理论基础不尽相同。最高法院的复函承认业主委员会的诉讼主体资格的基础在于确认业主委员会为“其他组织”；北京市高级人民法院则通过指导意见承认业主委员会在特定情形下的诉讼主体资格；上海市高级人民法院和重庆市高级人民法院的司法指导意见的基础在于通过业主大会授予业主委员会以诉讼主体资格。更耐人寻味的是，四个文件对于业主委员会能否成为被告的态度迥异：只有重庆市高级人民法院明确规定在特定情形下，业主委员会也可以成为被告。[①] 在中国的不同地区对于业主委员会的法律地位认定存在较大差异，这会使得“有房一族”在维权运动中无所适从。

（五）物业服务企业

物业服务企业就是老百姓常说的物业管理公司。《物权法》第八十一、第八十二条明确规定“业主可以自行管理建筑物及其附属设施，也可以委托物业服务企业或者其他管理人管理。对建设单位聘请的物业服务企业或者其他管理人，业主有权依法更换”，“物业服务企业或者其他管理人根据业主的委托管理建筑区划内的建筑物及其附属设施，并接受业主的监督”。[②]《物业管理条例》第三十二条到第四十九条明确规定了对物业服务企业的要求以及其应尽的义务。[③]

近年来大部分的业主维权事件起因均为业主与物业服务企业的纠纷。纠纷焦点大部分在于物业服务企业提供的物业服务质量不佳或是物业服务企业要求涨物

---

① 金锦萍．论物业管理法律制度的重构：从公共物品的角度［J］．学术交流，2016（3）：74－81.

② 中华人民共和国物权法［EB/OL］．http：//www．npc．gov．cn/wxzl/gongbao/2007－03/16/content_ 5366956．htm.

③ 见《中华人民共和国物业管理条例》“物业管理服务”一章。

业管理费而遭到业主的抵抗。

当今绝大多数的物业服务企业与住宅小区的合作模式为包干制，也就是业主给物业服务企业每年交足一定数额的物业管理费，物业服务企业对这笔管理费进行支配。包干制的优点在于操作简单快捷。然而基于“委托—代理”理论，企业有可能为了获取更高的利润，利用信息不对称，收到物业管理费后不花或者少花，导致物业服务企业为了降低管理成本而对工作草率了事；或者由于包干制的成本有限，使物业服务企业对需要进行及时维修的工作，出现拖延或小修小补、不作彻底解决的情况，对物业的使用寿命和价值产生一定影响；再者实行包干制的物业服务企业在费用不足时，只能依靠多元化经营维持企业的利润，不利于物业管理专业化。①

无论是《物权法》还是《物业管理条例》都将为业主提供物业管理服务的企业称为物业服务企业，但很多企业的注册名均为物业管理公司。那么为小区提供园林绿化、卫生清洁、秩序维护的这一类企业到底是“管理者”还是“服务者”？

中国政法大学于飞副教授认为物业服务企业的职能兼具“物业服务”以及“物业管理”两大职能。物业服务企业的管理职能涉及对人的管理以及对物的管理。

“物业管理”关系的主体是全体业主，其性质是民法上的一种物权关系。业主基于建筑物区分所有权中的成员权，具有了对物及对人的管理权，行使此类权利，组织上的依靠是业主自治组织——业主大会和业主委员会，制度上的依靠是小区的自治“宪法”——管理规约。以上行使权利的行为才是真正意义上的“物业管理”。“物业服务”关系的主体是业主和物业企业，其性质是民法上债法中的一种合同关系。物业企业依据物业服务合同向业主提供专业服务，核心内容是保证小区的清洁、安全、绿化和设备正常运转，以上服务并不涉及对共有部分的支配、收益和处分，而是一种纯粹劳务提供行为。②

实践中大量物业纠纷的产生，就与未分清物业管理与物业服务有关。一些强势的物业企业自命为“管理者”，将业主视为被管理的对象，替业主做主，行使物业管理权，如将小区公共场所改为车位租给业主且收入归己，将小区公共绿地改建为餐馆、商店出租以牟取收益等，以上所谓“管理”实际上严重侵犯了业主建筑物区分所有权中的共有权和成员权，完全脱离了物业企业的“服务”本质。而等到要物业企业提供真正的“服务”（如保安、保修之类）时，物业企业

---

① 刘政．物业管理酬金制与包干制比较［J］．中国房地产，2015（13）：73－75.

② 于飞．物业管理与物业服务的区分与交叉——兼论我国物业立法概念运用之准确化［J］．浙江社会科学，2012（6）：57－64，157－158.

又继续以“管理者”自居，盛气凌人、粗暴无礼。①

过去的物业纠纷大多数与物业公司的权力过大以及自身定位不明确有关。国务院早在2007年8月的《物业管理条例》中将“物业管理企业”修改为“物业服务企业”，从法律法规上第一次明确了物业公司的“服务”性质。然而在现实中，各地仍频繁出现物业公司“掌握大权”“欺压业主”的现象。党和政府在明确物业公司定位上仍需要付出更大的努力。

二、研究文献综述

围绕小区治理的主要问题，目前国内法学界的研究者主要从小区治理的权利主体与权能、决议行为效力与契约方式选择、解决现存问题的法律方法等视角开展研究。

（一）权利主体与权能

学者仇叶从合同治理的角度揭示物业纠纷频发的原因。他认为，正是物业管理合同的正式治理结构与非正式治理结构之间的偏差导致了众多的物业纠纷。前者基于物业服务的公共性特征形成了以业主团体与物业公司为主体的双边治理结构，后者基于合同嵌入的社区结构形成了以个体业主与物业公司为主体的多边治理结构。这种多边治理结构为单个物业公司与多个业主的关系。物业公司的管理权限来自业主的整体授权。一方面，拖欠物业管理费的业主可以“搭便车”，即使不缴费仍能与其他缴费的业主一样享受到相应的服务，因此导致物业服务企业在追讨费用时存在困难；另一方面，部分业主不满物业服务企业的质量，却没有权力更换，导致因更换物业服务企业而引发的小区内两股势力对峙的局面。

华东政法大学高富平教授则认为要从居住物业小区的制度设计寻找问题的根源。一般而言，业主是因购买房屋而被动地加入物业管理区，成为业主团体的一员，其并未介入前期的房屋建筑过程，不可能对物业管理区划分的范围或大小有发言权。目前封闭式小区源于政府的策划，而且具有《物权法》基础，具有法律上的正当性。② 但是，在这一封闭式小区超过一定范围的情况下，就出现了很多政策制定者最初没有预料到的问题，主要有以下几点：业主共有的联结点松散，按照共有权基础设计的业主自治也就自然失灵；自治组织运行困难或低

---

① 于飞．物业管理与物业服务的区分与交叉——兼论我国物业立法概念运用之准确化［J］．浙江社会科学，2012（6）：57－64，157－158．

② 高富平．我国居住物业法律制度设计的缺陷及校正——物业小区开放的目的和意义［J］．河北法学，2017，35（11）：14－21．

效；[①] 转嫁政府社区公共设施服务，封闭式小区使得公共服务内部化，很多需要由政府提供的公共服务设施都由业主来提供。高富平教授的观点与仇叶在某种程度上是相似的，均认为当前物业纠纷频发的原因为各行动主体的定位不明晰，物业服务企业与业主的合同关系不对等，政府与物业小区在提供公共服务的关系上分工不明确，这些至今仍不明确的问题成为物业纠纷频发的导火线。

中国人民大学学者尤佳认为业主共有权的性质素有争议。她认为立法应当从团体的角度规范业主对公共物业财产的权利义务关系，业主对于公共物业财产的权利并非个人法语境下的共有权，而应当是团体法语境下的成员权。成员权的属性体现在业主行使对公共物业财产的权利时，应当遵循团体法的规则，且必须要明确业主对公共物业财产的权利性质为成员权、赋予业主团体对公共物业财产的管理处分权以及完善业主成员权行使的团体法规则。[②] 尤佳提出的基于团体法的业主共有权对法律实践有重要的指导作用。

（二）决议行为效力与契约方式选择

有学者认为《物权法》中提及的“侵害业主合法权益的业主自治决议可被撤销”中的“侵害业主合法权益”存在难以界定的模糊地带，使得在法律实践中，此款条文既难以被利用，又可能被滥用。

西南政法大学学者徐银波则从议事规则揭示当前法律法规存在的缺陷。他认为《物权法》《公司法》虽设有特别规则，但二者关于决议行为效力类型及瑕疵事由的规定均不周延且相互冲突，无法满足物业纠纷的司法需求。[③] 业主委员会所做的决定为社团决议行为，社团决议行为并非法律行为，无法直接适用法律行为规则。[④] 非公司法人等的决议行为更面临法律规制漏洞。因此，他认为规则决议行为的伦理基础并非程序正义，而系社团自治，因此应围绕社团自治建构规则，应区分决议成立认定与效力判断，经有召集权者召集会议作出多数决定，方能形成决议。已成立的决议需满足有决议权限、真实性、合法性、合理性等要件，方具有法律效力。与之对应，无决议权限、程序瑕疵、表决瑕疵、内容违法、违反规约及侵害成员合法权益等情况将导致决议效力待定、可撤销或无致。[⑤] 不少业主委员会并没有制定议事规则，因此很多表决都不能服众，而徐银波提出的这些建议为业主团体的运行和投票表决提供了较明晰的建议方案。

物业管理实践者张农科则关注《物业管理条例》实施中的偏差。他认为尽

---

① 高富平．我国居住物业法律制度设计的缺陷及校正——物业小区开放的目的和意义［J］．河北法学，2017，35（11）：14－21.

② 尤佳．团体法视角下业主对公共物业财产权利的性质之反思［J］．法学家，2013（2）：52－66，177.

③ 徐银波．决议行为效力规则之构造［J］．法学研究，2015，37（4）：164－183.

④ 徐银波．决议行为效力规则之构造［J］．法学研究，2015，37（4）：164－183.

⑤ 徐银波．决议行为效力规则之构造［J］．法学研究，2015，37（4）：164－183.

管《物权法》至少规定了三种物业管理方式：业主自我管理方式、业主委托物业服务企业管理的方式和业主委托其他管理人管理的方式，但《物业管理条例》置《物权法》的相关规定及物业管理的内涵和方式于不顾，依然维护了业主委托物业服务企业管理的“一元化”物业管理方式，这实质上是剥夺了业主的物业管理主导权。① 在现实中，业主自主管理成功的案例也有不少，如浙江省杭州市西湖区竞舟社区恩济花苑小区从2009年开始实行自管，并在之后5年的实践中坚持0.5元/平方米的物业费不涨价，并且8年之后，业主委员会的积蓄高达百万。课题组调查显示，采用业主自主管理物业管理模式的小区在物业管理方面的绩效表现往往较好。

从某种程度上而言，《物业管理条例》坚持业主委托物业服务企业管理的“一元化”管理使我国物业管理方式存在偏差。

（三）小区公共物品及其供给责任的厘清

北京大学法学院金锦萍副教授主张引入公共物品概念，她认为住宅小区所具有的产权上和法律关系上的特点使得传统民商法中的相关规则无法适用于此。因为住宅小区由物业提供的产品包括物业管理区域内的公共部分或共用设施和共同生活所不可或缺的公共环境、公共卫生、公共秩序及公共安全等，因将其称为“社区性公共物品”。② 而不缴纳物业管理费的业主仍能享受到物业服务企业提供的服务则是这种“社区性公共物品”的体现，厘清小区内公共物品的供给方式以及责任，有利于完善此前理论上的缺陷。

（四）市场机制的运行问题

理想状态下的小区物业服务是通过业主共同体和物业服务企业之间的合法契约来实现各方利益的共赢。现实中的物业服务契约却存在以下问题：

（1）缔约问题，物业服务契约主体缺位导致双方缺乏真实意思的表达，由第三方包办的合法性低的契约关系往往成为无期限协议。从现有的法律规定来看，物业服务契约的决定权在于业主大会，业主委员会代表业主大会签约，并承担日常履约监督和协调责任。由于当下各小区业主大会成功召开比率低，业主委员会的成立率偏低，已经成立的正常运行的比率也偏低，大量物业服务企业是由业主共同体以外的主体，如房产开发商，最初指定而无限期地沿用。且不论由作为购房合约关系一方的房产开发商（而不是中立的第三方）指定深度介入物业权利实现的物业服务主体是否合适，这种由第三方包办的、未经双方充分商定的物业服务关系的物业服务难以保证质量，也无法有效保障双方的权利义务，导致

① 张农科．关于我国物业管理模式的反思与再造［J］．城市问题，2012（5）：2－14.

② 金锦萍．论物业管理法律制度的重构：从公共物品的角度［J］．学术交流，2016（3）：74－81.

双方容易发生冲突。小区成立初期的物业服务契约作为临时性和过渡性的协议安排，本应及时通过小区业主大会决议确认或与物业企业重新签订，以维护实现业主的权利和提高契约的合法性，但现实中的小区共同体缔约代理人——业主委员会成立困难重重，给房产开发商等第三方越俎代庖决定物业服务企业创造了机会，这反过来激励房产开发商通过各种手段阻止或者操纵业主大会和业主委员会。[1] 在政府内部机制设计方面，也缺乏针对性的责任机制促成业主大会和业主委员会的产生和有效运行，物业服务契约的缔约主体缺位和包办问题也就很难得到解决。这也让政府主管部门在后续管理中面临着本来可以捧起一只完整的碗，却要去收拾一堆碎瓷片的尴尬处境。

（2）物业服务企业在多重契约关系中的利益冲突问题。在物业服务双方的弱契约关系背后，存在着物业服务企业与第三方之间以小区特定权益为目标的强契约关系。如房产开发商与物业服务企业之间存在的依附关系或者利益输送关系，与物业服务契约形成严重的利益冲突。这导致一些物业服务企业在小区清洁、治安等物业服务业务方面人力物力投入不足，反而热心于越位介入架空层车位、会所等小区共有产权的争夺中，以及在共有产权经营性收费活动中，扮演着与小区业主争利甚至对立的利益主体代理人角色。房产开发商和小区物业企业之间的利益同盟关系的形成，除了物业服务企业最初就是由房产开发商指定，甚至物业服务企业就是房产开发商的下属单位等原因外，还与物业服务企业收入结构中非传统物业服务收益占比大幅度提高有关。近年，小区停车位、商铺、广告位等公共池塘资源收益的迅猛增长，导致缺乏有效契约约束的物业服务企业很难对这些“唐僧肉”不动心，转而与房产开发商等第三方结盟攫取利益。例如，随着业主汽车拥有量的迅速增长，小区共有产权部分的停车空间商业价值剧增，其收益逐渐超过传统的清洁、保安、设施维护等传统物业服务收入，这也使得缺乏有效约束的物业服务企业热心于介入此类事务，而与房产开发商结盟成为其利益诉求得以实现的现实选择。此外，小区共有产权空间的出租、小区公共空间的广告收入、小区商业主体的准入收益等难免也会出现同样的情况。

（3）契约内容安排问题，控权和授权出现失衡。正常的契约内容安排应该是授权和控权相平衡，即当契约一方有足够的监督和惩罚机制时，可以给予对方更多授权，以更好实现授权方的利益并达成双方共赢。但如果一方缺乏有效监督和惩戒机制时，授权则应当审慎和适当。当小区业主委员会未成立或者瘫痪时，组织化程度较低，甚至是一盘散沙的业主应当与物业服务企业签订较低授权的契约，未经授权的职责物业服务企业无权介入，应当由中立第三方（如街道办）托管。具体来说，由房产开发商等第三方指定的物业服务企业，应当只能采取酬金制的契约方式，并对其物业服务的内容进行严格限定和分拆，物业服务企业只

① 张农科．关于我国物业管理模式的反思与再造［J］．城市问题，2012（5）：2－14.

能就保洁、设施维护等有限内容开展物业服务，以防其出现违背业主意愿和侵害业主利益的行为。但现实中不少物业服务企业在未获得业主授权时行使大管家权力，鸠占鹊巢，侵害业主合法权益导致大量的物业纠纷出现。

（4）履约监督缺位问题，物业服务质量参差不齐，甚至部分小区因此出现商业价值洼地现象。对于相当一部分缔约时存在主体缺位或者越俎代庖的物业服务契约而言，日常的履约监督问题自然会更加突出。此外，履约监督专业性、信息对称性、监督成本以及外部性问题也是值得关注的内容。相对于绿化、清洁卫生、小区活动等投入和产出都比较容易观察的物业服务，治安状况、共用设施设备状态以及全体业主的满意度等服务项目都或多或少因为专业性、数据信息的可及性以及获取信息的成本高昂等出现监督的现实难题，单个业主无力监督，即使业主委员会正常运行的一部分小区也可能会存在非全日制的委员懈于监督的情况，这些都给物业服务企业的机会主义行动提供了空间。履约监督的薄弱，不仅使该小区物业服务水平和生活环境质量受到损害，出现同一地段房价显著悬殊的物业价值洼地现象，而且对周边小区和整个社区均可能带来负面影响，为脏、乱、差的滋生和蔓延提供了温床，产生物业服务的消极外部效应。

第三节　研究小区治理的管理学视角

由于小区内的公共物品一般具有非排他性和非竞争性的特征，容易出现“你能用，我能用，但是大家都管不着”的局面，从而有可能导致“公地悲剧”，因此国内有学者引入治理理论对小区治理进行研究。

一、基于治理理论的研究

夏建中教授将治理引入到社区领域中来，他认为社区治理应当更接近地方治理。[①] 学者胡小君认为城市社区的治理已呈现多元主体共同参与的状态。业主大会、业主委员会以及物业服务企业均发挥重要的作用。然而多元主体在社区治理实践中处于总体分散、局部协作的状态，各主体都不能充分发挥作用，这导致商品房住宅小区物业纠纷不断。住宅管理从过去的公权安排到如今的产权安排，众多事实证明仅仅依靠产权并不能够使小区有序运转。因此胡小君创新性地提出要引入枢纽型社会组织这一主体到小区治理中来。[②] 政府在小区治理的过程中更应该起引导作用而非直接作用，而枢纽型社会组织在一定程度上为政府的代表，但

---

① 夏建中．治理理论的特点与社区治理研究［J］．黑龙江社会科学，2010（2）：125－130.

② 胡小君．从分散治理到协同治理：社区治理多元主体及其关系构建［J］．江汉论坛，2016（4）：41－48.

其属于非营利组织，与其他行动主体并没有直接的利益关系，或许能有效地整合起各行动主体，使得各行动主体各司其职。

中国政法大学杨玉圣教授提出了“小区善治”的观点。在杨教授看来，“小区善治”是城市商品房住宅小区以全体业主为治理主体，以业主的建筑物区分所有权为法理依据，以“法治—民主”为机制，以业主大会和业主委员会为组织架构，以业主自主治理为中心，各相关利益方友好协作的良好的小区治理取向、治理机制和治理态势。业主必须通过“业主自治”实现“小区善治”。① 杨玉圣教授在一定程度上肯定了业主委员会的作用，认为业主委员会能推动“小区善治”。

然而中山大学学者黄晓星认为，业主委员会并不一定能够担当起在中国城市中培育良性运转的公民社会和引领基层社区实现“善治”的重任。虽然这些市民组织的建立源自于国家启动的正式制度变迁并以法律为支撑，但其要真正发挥作用，一个至关重要的影响因素就是所在社区的社会网络发育状况。但是，社会网络的利用对于业主委员会的发展来说是把双刃剑。国家行政机构和相关的商业组织也会利用关系网络干预、分化这些市民组织，从而加剧了派系斗争。②

因此，业主委员会的运行效率也与多方面因素有关，在现阶段，其能否推进“小区善治”，仍需要学术界进一步探讨。

二、研究小区治理的管理学创新视角

现有的以管理学视角为切入点的研究更多聚焦于以治理理论为基础，学界对小区治理开出的药方，也大多集中且止于“社会参与，政府与社会合作共治”这个层面，治理一时间成为包治物业纠纷百病的“万能膏药”。至于该怎么做，需要什么样的基础，可行性在哪里，学者们并没有详细回答。显然，当下最重要的是根据物业管理的治理实践，进行过程性的追踪和探索。考察不同主体如何进入小区治理领域，其在不同阶段中的不同行为是如何影响小区治理的效果和产出的，探究怎样的治理模式能有更高的绩效，这样的研究更加必要。③

另有不少学者将经济学、社会学等学科的理论引入到管理学中，利用创新性的管理学视角来考察小区治理如何有效地运转起来。

（一）基于政府与市场互补关系的分析

西南政法大学郑国洪教授利用比较经济学对小区治理进行分析。比较经济学

① 杨玉圣．论业主自治与小区善治［J］．清华大学学报（哲学社会科学版），2010，25（3）：117－128，161.

② 石发勇．业主委员会、准派系政治与基层治理——以一个上海街区为例［J］．社会学研究，2010，25（3）：136－158，245.

③ 吴晓林，李咏梅．治理研究的中国图景及其“中国化”路径［J］．湖南师范大学社会科学学报，2015，44（4）：22－32.

认为制度设计需要解决的基本问题是无序和专制。在此基础上，比较经济学提出了“制度可能性边界”这一概念，根据制度可能性边界，郑国洪教授整理出了我国物业管理制度可能性的纵横边界。横轴表示政府管理的社会损失（由专制带来的），纵轴表示私人管理的社会损失（由无序带来的），根据制度可能性边界，将我国物业管理归纳为以下四种方式：私人秩序、市场契约型、内部福利型、普惠型。它们依据国家权力的介入程度由小到大排序。而对于市场与政府在物业管理中是互补关系还是替代关系这一问题，郑国洪教授认为，市场与政府更应该是互补关系。在物业管理中大量存在政府行为被市场不当行为替代，以及政府行政管理退出后，相关配套法律制度供给呈现严重不足的情形，当代中国社会所普遍存在的信任危机，使得业主和物业管理公司难以摆脱维权难、治理难的双重困境。① 由于市民资本在我国尚未有效运转起来，还未能实现有效的自我管理，因此政府应该和市场联合起来，政府在规范市场行为的同时，也需要进一步培育市民资本，这样物业管理才能健康有序发展，居民才能真正安居乐业。

（二）基于政府与市场互斥关系的研究

与比较经济学强调小区治理中政府与市场互补关系不同的是，“内卷化”理论更为关注政府与市场的互斥关系。上海交通大学学者李利文等人通过对上海市XH区物业管理深化改革的案例研究，认为“内卷化”理论是政府对社区治理的干预，而不是出于一种无意识、无目的、自然而然地介入，是出于对社会和市场的帮扶。②

然而政府“不自觉”地对市场和社会进行“帮扶”，有可能会使市场和社会越帮越弱，导致政府无法松手，这就像被父母溺爱的孩子，始终无法学会自理。因此，政府需要在这种“帮扶”中把握一个度，实现市场和社会有效的帮助，而非将行政力量“不自觉”地渗透到市场和社会。

第四节　研究小区治理的社会学视角

近年来，城市中业主维权运动频发，受到了社会的广泛关注。社会学学者从多角度研究业主维权运动。学者们首先聚焦于对业主维权运动全过程的分析，研究对象包括维权主体、维权策略、维权原因、维权方式。学者们还非常重视维权运动中业主精英的作用，探讨业主精英在维权运动中的参与路径。也有学者对上海和广州的跨小区业主联盟进行研究；同时，还有学者从创新角度利用社会秩序

① 郑国洪．法律、信任与物业管理［J］．现代法学，2014，36（6）：177－187.

② 李利文，申彬，彭勃．城市基层治理创新中的“认知内卷化”——以上海XH区物业管理深化改革为例［J］．社会科学研究，2016（2）：39－51.

理论透视中国城市小区的治理和参与发展的现状。

一、对业主维权运动的全过程分析

有些学者通过单个案例对业主维权运动进行研究，如熊易寒、管兵、吴晓林等学者以城市为单位研究了九大城市的业主维权运动，盛智明整合了1999年到2012年的191个业主维权案例进行分析。他们大多从维权主体、维权策略、维权原因、维权方式等方面对维权运动进行分析。

（一）维权主体

朱健刚对广州市南园社区的业主维权运动进行分析。他提出在广州南园社区的维权运动中，维权主体为老年人。这些维权老人一般退休前为体制内的政治精英，更容易获得相应的政治资源，且老年人具有“不会伤害人，值得信赖”的形象特点，也使他们更容易动员其他的业主共同抗争。值得关注的是，因中老年人成长的年代具有特殊性，使以老年人为代表的业主维权运动具有明显的社会主义动员特色。例如他们能够迅速将侵害他们权益的物业服务企业视为“假想敌”，能将小区的“人民”团结起来。他们张贴的海报更被媒体和青年人戏称为“大字报”。[①] 这种极具特色的抗争手段和方法明确地告诉大众，他们的抗争完全是为了自身的利益，并非与党和国家作对，他们仍旧是爱党爱国的好群众，其更有利于获得政府的支持和认可。

熊易寒则对上海郊区某中产阶层移民社区的维权运动进行分析，他认为年龄是比户籍更为重要的分野：无论本地居民还是外来人口，老年人更倾向于通过居委会参与公共生活，而年轻人更倾向于通过网络平台影响政府决策；为维护业主福利，老年业主以社区为基础，采取了回旋余地较小的“依法抗争”，以失败告终；而年轻一代则以网络为平台，采取了更具妥协性的“结盟策略”，政府与网民的对话机制得以建立。[②]

两个案例中，老年人都发挥了比较重要的作用。但是第一个案例中的老年人维权成功，而第二个案例中的老年人维权失败。其中的重要因素在于维权策略的选择以及维权主体掌握资源的多少。广州案例中的维权老年人主要为体制内的精英，有退休的政府高官、大学教师、企业高级工程师，他们都手握大量政治资源；而第二个案例中的维权老人大多为跟随子女到上海来生活的“随迁老人”，他们缺乏相应的政治资源，且文化水平相对较低，只是利用日常的闲余时间参与

---

① 朱健刚．以理抗争：都市集体行动的策略　以广州南园的业主维权为例［J］．社会，2011，31（3）：24－41.

② 熊易寒．从业主福利到公民权利——一个中产阶层移民社区的政治参与［J］．社会学研究，2012（6）：77－100.

维权运动，动员能力不足，因此维权运动难以成功。

（二）维权策略

城市中业主的维权行动总体而言都是比较理性的，他们的维权行动在法律规定的范围内，避免逾越政府可以容忍的底线。在某种程度上，这样可以获得政府的同情和帮助。研究结果显示，在与开发商和物业公司的民事纠纷中，业主有一半的可能性会获得维权的成功。但一旦他们卷入与政府部门的纠纷中，无论是在行政纠纷还是混合纠纷中，维权成功的可能性都将大幅下降，有 2/3 的可能性会失败。[①] 当前我国的总体社会现状为强国家—弱社会，一旦业主维权运动牵涉与政府部门的纠纷，成功的可能就会大大降低。

（三）维权原因

业主进行维权的爆发点总是物业服务企业或是房产开发商侵害了业主的正当权益。在前文所述的广州南园社区案例中，老人们进行维权与其说是对自身利益的维护，不如说更多还是对规则的维护。业主们的维权行动基于“规则意识”，人们遵守和捍卫一种规则是为了维护自身经济利益。对于老人们来说，这也折射出了某种社会主义群众动员所形成的价值理性。[②] 何艳玲教授等也提出，不满和怨恨的情绪往往成为一场社会运动的导火线。这说明业主们对物业服务企业以及对房地产开发公司的不满成为业主维权运动的爆发点。[③] 在吴晓林看来，社区业主维权是“上游问题下游化”的结果，是房地产市场监管和物业服务行业监管失灵在下游社区的集中爆发。[④] 学者从多角度对业主维权的原因进行分析，尽管参与主体的不同会使得业主维权选择的方式和策略有所差异，但是业主维权的原因总是业主权益受损到了“忍无可忍”的地步，需要起来进行抗争，维护自身的合法权益。

（四）维权方式

管兵提出业主通过参与居委会选举来进行维权。基层政府对业主维权行为的干涉会刺激业主更频繁和更主动地与基层政府进行互动。当他们发现基层政府依靠居委会对社区事务进行干涉时，业主就会形成强烈的动机去落实法律赋予他们

---

① 盛智明．组织动员、行动策略与机会结构业主集体行动结果的影响因素分析［J］．社会，2016，36（3）：110－139.

② 朱健刚．以理抗争：都市集体行动的策略　以广州南园的业主维权为例［J］．社会，2011，31（3）：24－41.

③ 何艳玲，钟佩．熟悉的陌生人：行动精英间关系与业主共同行动［J］．社会学研究，2013，28（6）：21－45，242.

④ 关于推进我省商品房小区治理现代化的建议［EB \ OL］．http：//news. 163. com/16/1011/17/C345MGID00014AEE. html. .

的权利，进而参加居委会换届选举和自治工作。[①]

陈鹏认为，当前我国业主维权更多是采用立法维权这一形式。所谓“立法维权”，重在强调根本意义上的以法律本身为抗争对象或抗争领域，其基本形式主要体现为研修培训、民间立法、公民联署和竞选人大代表等，并主要以立法机关作为解决问题的对象。在这种抗争类型中，业主通过积极且合法的方式参与和影响法律的制定、修订、颁布和实施过程，让有利于其自身利益的意见、建议和条文在立法过程中被采纳，进而维护整个群体的合法权益。业主作为中产阶级的这种维权方式也与其维权战略相吻合，采取更理性、合法的方式，在一定程度上尽可能地争取政府的支持。[②]

据盛智明和吴晓林的统计，业主维权更多的是采取个人直接沟通、业主组织交涉和通过居委会交涉这三种方式，选择堵路以及示威游行等方式较少，这样的维权方式也与维权策略相对应，即要在政府容忍的底线下进行维权运动。非制度化的或激进的集体行动并不有助于业主维权成功。[③] 对业主维权运动的全过程进行梳理，有利于理解业主维权运动的背后逻辑，为政府日后应对业主维权运动以及减少此类冲突做好准备。

二、对业主维权运动精英的分析

社区权力结构为研究社区冲突的重要视角和内容。社区权力结构及其运行影响社区决策，而社区决策就是对社区冲突的不断整合。社区决策中的权力研究主要分为精英论和多元主义论两大学派。[④] 武汉大学社会学教授徐炜等学者认为，无论是古典的精英论还是现代的精英论，都是从权力在社会中的配置，也就是从社会权力的结构着眼，来解释政治与社会的互动，都强调精英对社会政治权力的垄断。[⑤] 亨特（F. Hunter）开精英论研究之先河。他运用声望分析法对亚特兰大市社区权力的层级及其运用过程展开研究，发现社区权力归属于少数社区精英，他们相互往来，共同探讨和主宰社区事务。社区精英行使权力的方式不同，有的直接在社区团体中任职，有的隐在幕后，通过影响他人来影响社区决策。[⑥] 以罗

---

① 管兵．维权行动和基层民主参与——以 B 市商品房业主为例［J］．社会，2010（5）：46－74．.

② 陈鹏．当代中国城市业主的法权抗争——关于业主维权活动的一个分析框架［J］．社会学研究，2010（1）：34－63.

③ 盛智明．组织动员、行动策略与机会结构业主集体行动结果的影响因素分析［J］．社会，2016，36（3）：110－139.

④ 朱喜群．社区冲突视阈下城市社区多元治理中的权力博弈——以苏州市 D 社区更换物业公司为考察个案［J］．公共管理学报，2016，13（3）：49－60，155.

⑤ 徐炜，曾琼．西方政治社会学理论模式述评［J］．武汉大学学报（哲学社会科学版），2006（6）：868－872.

⑥ 朱喜群．社区冲突视阈下城市社区多元治理中的权力博弈——以苏州市 D 社区更换物业公司为考察个案［J］．公共管理学报，2016，13（3）：49－60，155.

伯特·达尔为代表的学者则支持多元主义论，他们认为多元主义论也同精英论一样是从社会权力的结构着眼来解释政治与社会的互动，并不否认政治权力的不平等的结构，承认上层有影响力人物（即精英）的作用。与精英论不同的是，多元主义论强调不同的精英人物在不同的领域发挥影响力，并没有形成一元的统治结构。① 在当今的小区业主维权运动中，学者们更多地遵循这种多元主义论，因而大多聚焦于维权精英的行动，研究业主精英或者维权行动中的积极分子在维权行动中的作用以及分析他们在维权行动中行动选择的内在逻辑。

（一）基于维权行动中积极分子参与转变的研究

盛智明等通过对 A 市业主维权领袖的观察，揭示了集体行动中积极分子的参与转变，认为一些业主领袖基于自身利益、责任感、公益心或群体期望等因素投身于公共行动中，是因为很多情况下私人利益与公共利益是交织在一起的。不同的业主积极分子在个人利益与公共利益天平上的倾斜方向、倾斜时间与倾斜原因不尽相同。② 一些领袖和积极分子在遭遇挫折后，会产生失望情绪，进而退出公共行动或改变行动策略。这表明影响集体行动领袖的因素通常是混合多元的，随着情境的变化，领袖们会重新调整他们的行动目标，进而改变行动模式，这会影响他们与其他业主的互动和群体团结。基于田野调查，盛智明认为业主集体行动一般可分为三个阶段：一是利益受损、挺身而出阶段；二是牺牲私利、服务公益阶段；三是业主领袖权衡得失、有退有进阶段。每个阶段的不同情境可能导致不同因素对业主积极分子的理性计算和行动产生影响。在业主自治中，业主委员会是唯一被国家法律认可的、具有合法性的业主自治组织。③ 具有高度责任感和公民参与意识的维权精英以及业主领袖参与其中。然而，目前绝大多数的业主委员会成员均为义务，并无薪酬，同时还要“无私奉献”自己的时间和人力资本等。因此，如何使这种“吃力不讨好”的工作留住更多的热心业主，如何设计出一套长效的激励方案，将成为制度设计需要迫切考虑的问题。

（二）基于行动精英间关系的研究

中山大学何艳玲教授等根据 X 市维权运动中业主精英的关系研究，以一个漫长的业主共同行动故事为背景揭示了随着行动精英间关系在陌生人、伙伴、对立者、熟悉的陌生人之间的转换，一场指向业主组织再组织化的业主共同行动也经

---

① 徐炜，曾琼．西方政治社会学理论模式述评［J］．武汉大学学报（哲学社会科学版），2006（6）：868－872.

② 盛智明，蔡永顺．私人利益与公共行动：集体行动中积极分子的参与转变——基于 A 市业主领袖的考察［J］．东南大学学报（哲学社会科学版），2017，19（1）：103－113，145.

③ 盛智明．组织动员、行动策略与机会结构业主集体行动结果的影响因素分析［J］．社会，2016，36（3）：110－139.

历了从兴起、高潮到衰落的生命历程。① “精英在场”实际上能有效推动维权运动的产生和发展。然而在现实生活中，业主行动精英间、业主行动精英与一般行动者间关系的断裂却使得行动组织内部的破碎成为问题。“精英悖论”使中国业主共同行动走向异化，走向“寡头统治”和“准派系斗争”。② 何艳玲教授的观点与吴晓林类似，以业主精英为主导的业主团体成为共同合作伙伴，也可能由于各种原因走向“异化”，从而导致关系破裂，使得维权运动或小区自治走向混乱。这背后的运行逻辑还需要学术界进一步研究，才能给出答案。

三、对上海和广州的跨小区业主联盟进行研究

复旦大学黄荣贵以及桂勇的研究发现，与广州相比，上海的物业管理制度更加完善，基层治理组织架构也更加健全，体制内支持者相对缺乏，从而降低了社会冲突发生的概率以及减少了冲突激化为社会性公共议题的可能性。③ 而广州的业主试图建立业主委员会的水平联合网络在其他城市非常少见。当政府试图通过制度建设的手段强化自身对基层社会的管理时，制度供给有可能转化成利益表达的渠道，从而减少出现体制外改变治理制度的诉求（如上海的情况）。④ 这与上海一直是“大政府、强政府”的形象相吻合。可见，政府对业主自治组织的态度将会极大地影响业主自治组织未来的走向与发展。

四、社会学视角的创新研究

中国人民大学毛寿龙教授创新性地利用秩序理论透视中国城市小区的治理和参与发展的现状。当前，中国现有的城市小区既是因为市场的扩展秩序而建立的，也是因在房地产市场中购买住房的业主聚居在一起而形成的。城市小区是在开放的、扩展的市场秩序里产生的，一旦形成之后自身却是比较封闭的扩展秩序。⑤ 这样的秩序与“熟人社会”的原始秩序或是“市场发展”的扩展秩序都不一样，是一种混合的秩序。因此必须要构建相应的治理规则，发挥政府、市场、社区等多主体的力量，共同构建新的秩序。

---

① 何艳玲，钟佩．熟悉的陌生人：行动精英间关系与业主共同行动［J］．社会学研究，2013，28（6）：21－45，242.

② 吴晓林．国家社会科学基金结项成果 2. 学术论文联合比对库．2015－11－25.

③ 黄荣贵，桂勇．为什么跨小区的业主组织联盟存在差异：一项基于治理结构与政治机会（威胁）的城市比较分析［J］．社会，2013，33（5）：88－117.

④ 黄荣贵，桂勇．为什么跨小区的业主组织联盟存在差异：一项基于治理结构与政治机会（威胁）的城市比较分析［J］．社会，2013，33（5）：88－117.

⑤ 毛寿龙．人类秩序、小区治理与公共参与的纯理论［J］．江苏行政学院报，2016（4）：100－107.

第五节　研究小区治理的政治学视角

理想的小区业主自治是在社区居委会以及政府相关职能部门的指导和监督下，形成业主大会负责决策、业主委员会负责执行、业主监事会负责监督的科学治理结构。但现实中，国内各大城市的小区业主自治仍然困难重重。

（1）业主大会召开率低、业主委员会成立难和运行难局面仍没有得到根本性转变。人多力量大，这似乎是人所皆知的道理。但有学者针对集体行动的深入研究发现，现实之中往往并不是群体中的人越多，力量就一定越强大，反而是随着群体人数的增加，个体参与集体行动回报率降低和“搭便车”心理上升，导致集体行动的成功率不断降低才是现实中真实的现象①。在居民小区尤其是商品房小区这一由来自五湖四海的居民自然集聚而成的群体中，发生集体行动困境本就属于常态，除非出现重大维权事件，业主才会被普遍动员起来。面对这种集体行动的困局，各种体制机制创新也不断涌现，如通过设立业主代表大会或者楼栋小组长会议降低集体行动的规模，把集体行动从陌生人群体缩回到熟人群体，提高集体行动的成功率，但这同时增加了小区治理的层级，把直接参与改变成了多层委托代理的间接参与。如何提高居民直接参与小区治理的积极性和集体行动的成功率，依然是一个充满挑战的课题。因此，在小区业主委员会筹建、业主大会召开以及早期业主委员会履职等提高小区组织化程度的关键时期，居委会、街道办、派出所、主管职能部门应当有所作为，提供程序推动、秩序维护以及专业援助等服务，才能把小区业主自治“扶上马”和“送一程”。

与此同时，学者们已有的研究成果还发现，在现代小区等人数庞大的社会群体中，虽然造福全体成员的集体行动要想成功十分困难，但以谋取小集团利益而结成的分利联盟却很容易滋生和发展，分利联盟的寄生性、掠夺性、制造冲突、阻碍生产等特性给小区造成巨大伤害，并将竭力阻止其后的小区业主自治组织的产生和运行，从而形成恶性循环。② 一些公开的案例显示，在一些长期没有业主委员会，或者业主委员会瘫痪的小区中，经常可以发现由房产开发商、物业服务企业或者其他试图进场的物业服务企业参与的分利联盟的影子。这些本应通过公开竞争来获得业主授权，通过为业主服务而获取合法利润的商业组织，反而结盟成为分利集团紧盯小区里利润丰厚的共有空间，如小区公共地带车位、小区共有产权物业形成的商铺、小区广告甚至小区绿化地带、公共活动场所等，并对其进

---

① 毛寿龙．人类秩序、小区治理与公共参与的纯理论［J］．江苏行政学院报，2016（4）：100－107.

② 徐林，方亦儿，薛圣凡．社区资源禀赋、治理模式与治理绩效［J］．浙江社会科学，2017（3）：27－36.

行蚕食和掠夺，给社会稳定带来诸多隐患。除非分利联盟的蚕食和掠夺酿成事故，激发出沉默的大多数业主的集体行动，否则其恶化小区治理的行为就难以得到有效遏制。在这种失衡的博弈状态下，作为最重要的平衡力量和秩序维护者的政府组织，自然应当有所作为，才能帮助小区业主自治走上均衡博弈和良性互动轨道。

（2）有望降低集体行动困境和提高业主参与率的电子投票系统推广进度缓慢，小区电子化沟通工具、管理工具以及信息资源的控制权存在不当配置。深圳已经在国内率先立法推进业主电子投票系统，为相关的举措提供了法律保障，但根据深圳市主管部门的介绍，目前的推广进度并不理想。来自社区访谈的结果也显示，不少物业管理甚至政府基层工作人员对此持谨慎的态度。毋庸置疑，电子表决较好地破解了一直以来困扰业主集体行动的时空障碍，阻断了分利联盟对现场投票可能出现的滋扰甚至操纵机会，有助于维护和实现全体业主直接行使物业管理决策权力的主体地位，提高和培养业主的参与意识。但该平台运行初期不可避免地也给基层工作人员带来了新的挑战，如老年人参与时存在的数字技术鸿沟、线上身份的确认工作、线上线下平行使用可能带来的混乱处理，以及各方对于平台和数据安全的隐忧。如何让基层工作人员正确认识和积极推广电子化投票系统成为破解集体行动困境的重要一环，也是小区治理提升的重要节点。

小区微信群、QQ 群以及业主论坛等电子化沟通工具，既有助于业主及时、廉价地进行信息分享，方便小区日常生活；也可以给物业服务企业、社区居委会的物业管理信息和居务信息发布提供便利。随着业主使用率的提高和沟通渠道黏性的增加，这些电子化沟通工具的公共舆论引导功能和商业广告价值也在不断凸显，这就意味着这些沟通平台既可以为小区动员、自我管理、自我监督提供新的渠道，也可以为小区扩大公共空间，拓宽商业广告收入渠道提供新途径。但目前这些电子化小区管理工具普遍缺乏管理，如果继续由个别业主控制，甚至被分利联盟成员控制，都会对小区治理和利益产生威胁。恢复虚拟小区的公共性和公益性也是小区治理的当务所需。与此类似的小区电子化管理工具的问题还包括各类监控设备的控制以及数据保存与备份，这些设备和数据的所有权本应当归小区全体业主及其相关政府职能部门，但目前很多小区由物业公司垄断控制的现状也存在风险，应当由业主委员会、居委会以及政府职能部门共同控制，物业公司须根据业主委员会授权使用相关设备和数据。

（3）一些业主委员会出现“劣币驱逐良币”现象，出现强人把持或瘫痪等问题。分析一些管理效果优异的典型小区就不难发现，其小区业主委会主要由业主中德高望重的资深人员和相关专业人士组成，并且业主委员会委员多具有典型的“士绅类人员”特征。与此相反，一些问题突出的业主委员会，其成员“掠夺型经纪”（或者掮客）的特征则更为突出，而这些业主委员会因为主动卷入或者被拉入分利联盟而被业主戏称为“业伪会”。强人把持也是这种类型的业主委员会的突出特点，到后期由于失去业主信任而又试图长期霸占小区治理权，这些业主委员会也逐渐瘫痪，成为业主戏称的“业萎会”。在小区治理结构建设中，如何防止“劣币驱逐良币”，是一个值得深入研究的问题。在日益商业化的环境中，“士绅类”业主委员会要经受小区治理中产权模糊的共有物业所蕴含的巨额商业利益的持续诱惑、小区内各种极端类型业主的滋扰，以及来自分利集团及其业主中的代理人给予的诱惑和威胁，而这些显然不能仅靠业主间信任或小区规约来实现，必要的属地政府和职能部门的及时支援和强力监督必不可少。已有的学术研究成果也表明，小区治理结构的建设并非是一蹴而就的事情，而常常是艰难而漫长的过程。在此过程中，强大的国家执法力量成为可靠后盾的现场存在是关键性因素，只有当执法力量形成足够惩戒威胁时，遵守法定秩序、遵守合同约定、遵守共同体决定才能慢慢成为习惯，信任以及公序良俗才能够逐渐培养起来，执法力量也才能逐渐退回到背景深处，作为更加隐蔽的后盾继续存在。反之，如果国家执法力量缺位，不仅不能想当然就出现“天上掉馅饼”式的小区善治，反而给分利联盟和极端业主的肆意掠夺提供了温床和空间，形成社会创伤。因此，解决好政府力量缺位问题是短期内破解小区治理中“劣币驱逐良币”现象的关键。

业主委员会乱象还与目前相关法律规定的滞后有关。目前，我国业主委员会的法律性质和法律地位含糊不清，业主委员会应承担的法律责任无法落实，缺乏具体规定。这种含糊不清的规定，一方面让严守法律的“士绅类”委员履职时如履薄冰，缩手缩脚，难以做到尽职尽责，另一方面又给“掠夺型经纪”类委员的滥权行为留下了大量自我赋权的空间，而大多数业主的冷漠态度和业主委员会委员责任机制的缺位进一步为其创造了“以小搏大”的机会。这些也自然容易滋生出“劣币驱逐良币”的现象，给小区和谐安宁的生活环境带来威胁。

（4）小区自我管理和自我约束功能薄弱，部分小区管理成为灰色地带，甚至成为“公共秩序洼地”。由于上文提到的业主大会、业主委员会成立和运行的困难，小区治理“劣币驱逐良币”，以及物业服务部门和相关政府职能部门的缺位等多种因素，造成部分小区业主的滥权行为也成为当前环境和物业管理的难点问题。这一问题主要表现为恶意拖欠物业服务费用、私搭乱建、污染环境（各类噪声、养宠物、乱扔垃圾等）以及乱停乱放等。更严重的是，脏、乱、差环境一旦形成，极易给小区居民一种持续的、消极的环境暗示，潜意识里默认这是一个没有规矩的地方，所以小区居民更容易相互效仿，出现违反管理规约、社会公德甚至法律法规的行为，从而出现“破窗效应”和恶性循环。这也需要社区居委会、街道办以及相关职能部门能够及时干预，以防“破窗效应”和恶性循环的滋生蔓延。从国内外标杆社区的管理经验来看，包含管理规约在内的各种自我管理规则的激活、落地和完善也是亟待解决的问题。

第六节 研究方向

通过对上述文献的分析，可以看出不同的学者从多角度对小区治理进行研究，体现了跨学科的特点。然而现有的研究主要集中于对业主组织法律地位、业主维权运动以及某个物业纠纷案例的分析。这种“解剖麻雀”式的研究方法有利于从全观角度追踪事件发展的整个过程，掌握案例的具体细节，从而深入揭示事件背后的各种机制。[①] 但是，通过个案研究得出的研究成果有可能会因为地方差异、参与业主群体差异等因素而使得相应的研究成果无法推广使用，难以产生相应的政策贡献，且提出的大多数解决措施基本雷同，难以体现政策创新。因此，有必要对小区治理的案例进行相应总结，寻找其共性和个性。尽管现有文献也有对小区治理案例的整合性研究，但是大多为对业主维权运动的整合性研究，缺乏对小区治理创新案例的整合性研究。同时，现有的文献还缺少对小区治理绩效的研究，学术界不断引入“治理理论”，力图为小区管理“开药方”，但总是“只闻楼梯响”，理论有了，实践如何，仍需要学术界给出明确的答案。

本书将通过对 19 个城市的小区治理的研究数据进行分析，在已有研究成果的基础上，弥补现有研究的空白。本书将对小区治理绩效进行研究，从顾客导向这一标准出发，研究小区治理绩效及其影响因素，利用相关房地产网页、政府公开的信息数据以及法院判例库采集客观数据，对各城市的小区治理情况进行全景式展示，帮助读者更全面、准确地理解小区治理的现状。其次，本书将概括现存的小区治理的焦点问题，并对其进行学理解释。再次，本书还会梳理小区治理的政策法律变迁，力图呈现中国小区治理政策变迁的真实面貌。并在此基础上探索小区治理的创新型案例，弥补现有的政策创新空白。最后，本书将提出几点关于让小区治理运转起来的建议，希望能对关心小区治理的读者有所启示，尤其能对政策制定者有所启发。

---

① 盛智明．组织动员、行动策略与机会结构业主集体行动结果的影响因素分析［J］．社会，2016，36（3）：110－139.

第二章　小区治理的现状观察

通过对我国小区治理现状的分析，本章在坚持指标构建原则的基础上，借鉴城市社区治理相关领域的绩效评估指标的选取，按照管理流程的维度设计思路，设计了小区治理绩效指标体系。[①] 通过对获取的19个城市[②]和谐社区所辖小区的数据进行处理，全景展示了目前我国大都市领先小区的治理情况以及治理中存在的问题，并根据研究结果分析影响城市小区治理绩效的主要因素。

第一节　研究意义

党的十九大报告指出，我国社会主要矛盾已经转化为人民日益增长的美好生活需要和不平衡、不充分的发展之间的矛盾。人们对于美好生活的需要往往是从基本需求的满足开始，其中居住需求是基本需求的重要面向。自20世纪90年代以来，随着城镇住房改革的深化，大量新型物业小区如雨后春笋般出现，成为城市重要的治理单元，改变了城市基层治理模式。[③] 从一定意义上来说，小区治理绩效的高低是城市治理水平的缩影，更是市民居住微观单元的直接呈现。

现今利益主体和利益诉求日趋多元，群众的权利意识迅速崛起，风险社会的特征日益凸显，信息化、网络化时代来临，这些变化要求以新的视角审视、思考小区治理绩效。虽然目前我国的城市小区治理已经有了一定的成效，但是仍然有一些不切实际的、虚伪的信息存在，这些缺点严重阻碍了我国的城市小区治理现代化进程。只有联系实际情况分析，设置出相对完善的城市小区治理绩效评价指标体系，才能从实际意义上克服这些漏洞的产生。[④] 然而，已有的绩效研究更多地将注意力放在地方政府层面，较少关注基层治理实践的评估。以基层社区发展为典型代表的城市小区是理论研究和实践关注的盲区。

---

① 雷晶晶．城市社区治理绩效评价研究［D］．湘潭：湘潭大学，2015.

② 包括4个直辖市和15个副省级城市。4个直辖市为：北京市、天津市、上海市与重庆市；15个副省级城市为：广州市、深圳市、南京市、武汉市、沈阳市、西安市、成都市、济南市、杭州市、哈尔滨市、长春市、大连市、青岛市、厦门市和宁波市。

③ 王森．小区业主自治困境的原因分析及善治途径［D］．上海：复旦大学，2011.

④ 雷晶晶．城市社区治理绩效评价研究［D］．湘潭：湘潭大学，2015.

因此，从绩效角度研究19个城市和谐社区所辖小区的治理情况既有其理论意义，又有其实践意义。

一、理论意义

当代中国，学界往往会对官方推动或倡导的社会变革进行适时的回应，带来理论旺盛的增长期。由政府发起并直接推动的社会治理重心向基层下移，也催生了中国情境下城市小区治理的理论研究热潮。既往研究大多从定性的描述性视角提出了我国小区治理的应然模式，如政府主导型、政府管制型、合作型、自治型等，但是并没有阐释现实中的小区治理为什么会有那么多截然不同的“典型”模式，也没有令人信服地揭示不同治理模式之间的绩效差异以及产生差异的原因。总体而言，这些追求小区治理“最佳模式”的研究回答了“what”的问题，即小区治理模式应该是什么类型，但对于“why”的问题，即“为什么是该类型”则鲜有涉及，且囿于局部观察的定性分析，其可靠性本身就值得怀疑。①

近年来，虽然治理理论被大量运用到小区的相关研究中，并提供了框架性的解释力，但是对于小区治理的标准、小区治理绩效评价的核心基础，缺乏明确的表述。当前，小区治理并不是缺乏实践，而是缺乏对小区治理实践经验的有效总结、对小区自治组织制度的评估以及对小区治理效能的评价。② 从方法上来说，尽管研究者们做了很多典型案例的分析，但是单个样本的研究结论还需要整合、凝练、上升为更高层次的具有指导实践意义的概念、理论。正如著名的绩效评估研究专家波波维奇所言：“评估系统就像飞机上的仪表盘。它应该被设计得使您能测定组织的工作情况，并且能控制朝着高绩效的方向发展。”③ 因此，无论是理论研究还是实践探索，都需要一个准绳，在更大的范围内将二者的出发点统一起来，将碎片化的绩效整合为整体的绩效，以促进城市小区的治理。④

因此，本章的主要创新点在于不再从“一叶”出发进行小区治理绩效的研究，而是以“森林”的视角展现大都市领先小区的治理全景，并通过指标设计来对其小区治理绩效进行分析，试图找出不同小区之间的绩效差异及其差异原因，进而明确影响小区治理绩效的因素。这有利于完善小区治理的标准，即小区

---

① 徐林，方亦儿，薛圣凡．社区资源禀赋、治理模式与治理绩效［J］．浙江社会科学，2017（3）：27－36.

② 王菁．城市社区民主治理绩效评估体系的构建与指标设计［J］．华东经济管理，2016，30（3）：161－169.

③ 王菁．城市社区民主治理绩效评估体系的构建与指标设计［J］．华东经济管理，2016，30（3）：161－169.

④ 徐林，方亦儿，薛圣凡．社区资源禀赋、治理模式与治理绩效［J］．浙江社会科学，2017（3）：27－36.

治理绩效评价指标体系，有利于从绩效研究“碎片”中凝练出可用于指导小区治理实践的理论。

二、实践意义

（1）对于政府而言，第一，城市小区治理是城市治理工作开展的重要基础，也是实现从“管理”到“治理”的全国改革的重要体现。[①] 以绩效为导向，对19个城市和谐社区所辖小区治理情况进行研究分析有利于提高小区公共产品的“自我供给”水平，保障小区公共物品的有效提供及公共事务的有效实施，从而大大减轻政府的财政压力，促进政府提高为民服务办事效率，提高民众的改革成果获得感，为政府行政树立良好的口碑形象。第二，小区治理绩效研究中所发现的问题也能促使政府完善相应的法律法规，优化绩效评价的外部环境，提高政府执政水平和增加政府的公信力。第三，对城市小区治理的工作绩效进行评价研究，为日后政府的决策工作奠定了基础。

（2）对于社会而言，第一，加强小区治理绩效的相关研究是对党关于加强和创新社会治理的重大战略部署的落实，有利于打造共建、共治、共享的社会治理格局，激发新的社会发展活力，提高社会治理水平，使人民安居乐业，保持社会稳定发展。[②] 第二，小区治理的进展与中国公民社会的成长息息相关，以绩效为准绳进行小区治理有利于唤醒城市小区居民的主人翁意识和自治精神，有培育公民社会、构筑基层“民主训练场”之功效。

（3）对于城市小区而言，第一，通过科学的绩效考核结果，找到良好的决策方式，选出最优的治理模式，优化小区治理结构，解决当前存在于城市小区发展中的“疑难杂症”，能为城市小区科、教、文、卫、治安及物业等各方面的全面发展提供有力保障，从而提升城市小区治理整体水平。第二，小区治理绩效研究中暴露出来的问题使得小区治理的“纠偏”工作能开展得更具针对性，从而及时填补漏洞，实现“精准治理”。第三，对小区治理绩效的关注突出了居民导向，有利于建立富有人情味并且信任度强的小区关系网络，从而促进社区居民精神层面的有序发展、增加居民对小区的认同感以及建立科学的协调管理机制，实现小区公共利益的最大化。

（4）对于小区居民而言，第一，城市小区的治理绩效与他们的直接利益相联系，小区治理的好坏直接关系到他们的生活体验与幸福感。有成绩、有效力的小区治理能为小区居民提供良好的居住环境和完备的基础设施。第二，强调小区治理绩效有利于更好地维护居民合法权益，激发业主们保护私有财产的激情和斗

---

① 雷晶晶．城市社区治理绩效评价研究［D］．湘潭：湘潭大学，2015.

② 雷晶晶．城市社区治理绩效评价研究［D］．湘潭：湘潭大学，2015.

志，促使业主在维权和自治中团结起来，锤炼公民精神，追求社会的公平和正义。①

第二节 研究综述

迄今，国内外完全着眼于小区治理的研究甚少，更多研究都停留在社区层面而没有深入小区。但是，小区是社区的重要组成部分，或者说是社区的缩影，小区治理与社区治理存在很大的共性。对于某些规模较大的小区来说，其本身就是一个社区，小区治理就等于社区治理。因此，已有的关于社区治理的研究能为小区治理提供很好的启发。

国外学者关于社区治理绩效评估体系研究的参考文献很稀少，他们更愿意考察社区的“能力”，如拉邦特和拉维瑞克将社区能力建设定义为“社区团体在定义、评估、分析和作用于卫生（或其他关系到社区成员重要权益的方面）的能力增长”。② 只有威廉·N. 邓恩（2002）设计了效益性、效率性、经济性、公平性四个性质的公共服务绩效评估体系，为我们研究城市小区治理绩效评价提供一定的参考价值。③

在绩效评估体系的设计上，国内众多学者在社区层面作出了许多有益探索。吴雪娟等提出，开展城市社区治理绩效评测的测评指标的设计应符合真、善、美相统一的标准。④ 陈捷、卢春龙的研究则把“居委会对居民需求的反应性”和“对社区管理的有效性”作为社区治理绩效的测量指标。⑤ “反应性”被操作化为“总体而言，我觉得社区居民委员会能代表我所在社区居民的利益，并为我所在社区居民的利益服务”，“有效性”被操作化为拓展社区服务、发展社区卫生、繁荣社区文化、美化社区环境、加强社区治安。陈捷、呼和·那日松与卢春龙的研究将“社区居民对社区工作的评价”作为社区治理效应的测量指标，具体评价社区管理公正透明、提供社区服务、维护社区卫生、繁荣社区文化、美化社区环境、加强社区治安六个方面，将六项得分加总后得到社区治理效应的赋值。⑥

---

① 王森. 小区业主自治困境的原因分析及善治途径［D］. 上海：复旦大学，2011.

② 陆晶婧. 社会转型背景下的邻里空间、制度能力与社区治理绩效［D］. 上海：复旦大学，2013.

③ 单菲菲. 基于公共价值视角的城市社区治理绩效反思［J］. 兰州大学学报（社会科学版），2016，44（6）.

④ 吴雪娟，王琳. 建立社区治理绩效测评指标体系的真善美标准［J］. 消费导刊，2008（15）：209－210.

⑤ 陈捷，卢春龙. 共通性社会资本与特定性社会资本——社会资本与中国的城市基层治理［J］. 社会学研究，2009（6）：87－104.

⑥ 陈捷，呼和·那日松，卢春龙. 社会信任与基层社区治理效应的因果机制［J］. 社会，2011，31（6）：22－40.

孙小逸、黄荣贵的研究将社区治理绩效定义为居委会实现其预期功能的程度，按照居委会承担的社区服务和社区管理两个功能，分别将“居委会服务效率”与“居委会执行公共政策的能力”作为评价指标。[①]“居委会服务效率”被操作化为居民对居委会效率的主观评价，“每个小区中认为居委会效率高或者很高的居民的比例”即作为居委会服务居民的效率的赋值。“居委会执行公共政策的能力”被操作化为居民在上一次居委会选举中是否投票，“每个小区中投票居民的比例”即为居委会执行公共政策能力的赋值。[②] 杨贵华等初步设计了一个测量和评价社区自组织能力的三级指标体系。一级指标包括社区共同体的资源整合与利用能力、社区自组织网络的结构和发育程度、社区居民参与社区公共事务和社区活动的状况、社区共同体的自我管理能力、社区自我服务的能力、社区共同体的自我教育、自我约束、纠纷自我调节的能力八个方面，并分别赋予权重，一级指标下又设有4~5个不等的二级指标和三级指标。[③]

第三节　研究设计

一、抽样方法

本研究采用分群的抽样方法，以2014年全国和谐社区建设示范单位创建活动所评定的1 000个示范社区为总体[④]，从中抽取属于19个城市和谐社区辖内的281个社区，然后由这281个社区下辖的所有小区作为研究样本。

二、指标设计依据

根据民政部和谐社区评价指标的相关内容，综合考虑数据的采集的可及性和指标代表性，并通过试运行分析，本文最后选择了以下指标（如表2-1所示）：

---

① 孙小逸，黄荣贵．制度能力与治理绩效——以上海社区为例［J］．公共管理学报，2012，9（4）：29-38.

② 陆晶婧．社会转型背景下的邻里空间、制度能力与社区治理绩效［D］．上海：复旦大学，2013.

③ 雷岁江，孙荣．业主自主治理制度绩效测量：一项基于经验数据的研究［J］．江汉论坛，2012（9）：27-32.

④ 2009年以来，国家民政部连续两次开展全国和谐社区建设示范单位创建活动，经过各地自查申报、省级考察推荐、第三方独立评审与民政部部长办公会议研究等程序，选定全国和谐社区建设示范城市、示范城区、示范街道和示范社区。

表 2－1 小区治理绩效评估指标

指标内容	物业管理收费（元/平方米）
	业主委员会（有为“1”，无为“0”）
	容积率
	绿化率
	物业等级
	物业评价（5 分制）

物业管理收费主要为小区业主直接的经费投入，能一定程度反映业主委员会治理的现实效果，也能反映业主的居住成本；业主委员会即小区是否成立业主委员会；容积率和绿化率主要测评小区公共资源分布情况；物业等级是物业服务企业服务水平的行业评价，而物业评价是居民主观评价，基于居民对小区治理的质量感知。上述指标构成整个指标体系的总框架，涵盖了投入、过程、产出和效果四个维度，以全面评价小区治理的绩效。

三、数据收集过程

数据收集集中在 2017 年 12 月，利用房天下、链家、安居客等相关房地产网站与市、区两级政府，各地街道办以及相应社区的网站公开的信息，收集 279 个样本社区所辖的小区的客观数据。数据包含了社区常住人口、社区流动人口、社区总人口、小区竣工时间、小区房价、小区栋数、小区户数、建筑面积、小区占地面积、小区容积率、社区面积、小区绿化率、是否有业主委员会、业主委员会成立时间、物业等级、物管费以及物业评价等信息。

在数据搜集过程中，由于各地政府和社区的网站完善程度参差不齐，部分社区所辖小区的数据严重缺失，难以寻找，故在数据复核时将数据残缺较严重的社区予以剔除，最终收集了 250 个社区，共计 481 个小区的相关数据。

第四节 大都市小区治理的现状与主要问题

由于中国幅员辽阔，各地区的经济水平、公民素质、小区数量和规模、小区治理相关政策等存在较大差异，因此，各地区的小区治理绩效参差不齐。当前以“社会治理状况”为主题的全国性大规模调研项目往往以“社区”为观测单元，如在公共管理学界具有较高权威的“中国综合社会调查”2012 年度数据和 2013 年度数据以及由北京大学中国社会科学调查中心与民政部政策研究中心合作开展的“社区治理动态监测平台及深度观察点网络建设调查”等。对全国小区治理状况进行大规模调研评估的研究项目较为罕见，因此，对全国各地的小区治理状况进行整体性评价仍然是一项极具挑战的研究工作。本次研究基于网络数据作了探索性分析。

一、业主委员会成立情况

业主委员会是商品房社区自主治理的核心和标志。[①] 本研究通过链家、安居客、房天下等房地产网站，地方政府网站，社区官网等多种渠道对民政部所公布的标杆社区的相关数据进行采集、比对和整理，搜集到有记录业主委员会信息的小区占总样本的24.12%，其中明确标示已成立业主委员会的小区仅有88个，占总样本的18.3%（如表2－2所示）。70%以上的小区的业主委员会信息呈缺失状态。笔者认为，大多数缺失业主委员会信息的小区仍未成立业主委员会，主要有三方面的原因：其一，已有的研究已经证明，是否成立了业主委员会对小区的房价具有显著影响，房地产企业作为典型的营利性市场组织，如果已经成立业主委员会，他们会尽可能提供相关信息；其二，本研究选取的小区样本属于全国范围内的标杆性、示范性小区，在信息的获取方面存在可行性；其三，对于链家和安居客等房地产网站而言，尽可能填充完整信息有利于提高其网站的权威性，并且在技术上具有可行性。无论是对小区本身、房地产企业还是房地产网站而言，都具有提供或者获取“是否成立了业主委员会”信息的动力和技术可行性。因此，本研究认为，在查找和比对多种网站后，仍未能查到“是否成立了业主委员会”相关信息的小区，实际上“未成立业主委员会”的可能性较大。

表2－2　业主委员会基本状况

业主委员会	频数（个）	频率（%）
无	28	5.82
有	88	18.3
缺失值	365	75.88
总计	481	100

从已有的数据也可以发现，仍有部分小区存在无业主委员会的状况，这就使得业主维权任重道远。这样的比例很难真正实现小区治理的业主权利得到有效保护。而且已有的文献表明，即便小区存在业主委员会，其大部分的作用也得不到

---

① 王汉生，吴莹．基层社会中“看得见”与“看不见”的国家——发生在一个商品房小区中的几个“故事”［J］．社会学研究，2011（1）：63－95，244.

有效发挥。从这个角度来说，基层小区业主维权的道路依然艰巨，基层治理水平的提升依然任重而道远。

同时，这个数据引出了两个理论与实践的悖论：其一，学界对业主委员会制度寄予厚望，评价甚高。但大量研究表明业主委员会存在“成立难、运转更难”的窘境。其二，本研究选取的小区样本是经过民政部门和第三方独立评审组织层层筛选后的标杆性、示范性小区，即便如此，在有记录业主委员会信息的小区中，仍存在近四分之一的小区未成立业主委员会；如果加上数据缺失部分，未成立业主委员会的小区将占全部样本小区的80%以上。但从结果来看，这些小区也可以实现小区和谐治理的基本目标，那么，这些小区的治理模式、集体行动方式和集体决策方式又是怎样的？从另一个角度来思考，业主委员会制度是否是小区治理的必由之路呢？其替代性方案又可能是怎样的呢？由于本研究的数据有限，上述问题将留待进一步的研究探索。

二、小区内公共资源供给水平与差异

小区居民最常利用和享受的小区公共资源就是城市居民小区的绿地。小区的绿地充分利用植物树木，形成一个既有相对稳定性又有生命活力的生活空间，对生态系统的平衡、居民的身心健康起着十分重要的作用。

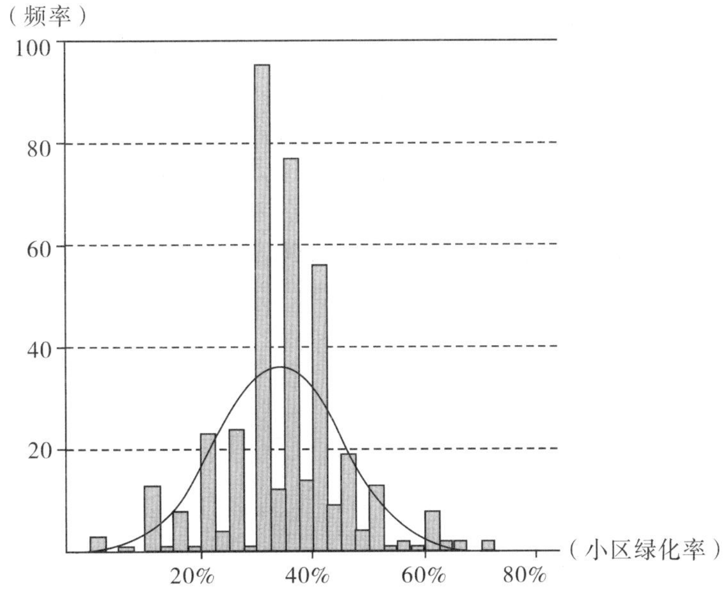

图2-1 小区绿化率分布

为此，我们进一步分析了小区房价和绿化率之间的关系，由图2-2可知，随着小区房价的提升，小区的绿化率总体上也在不断升高。这说明小区绿化率与房价之间存在正相关关系。

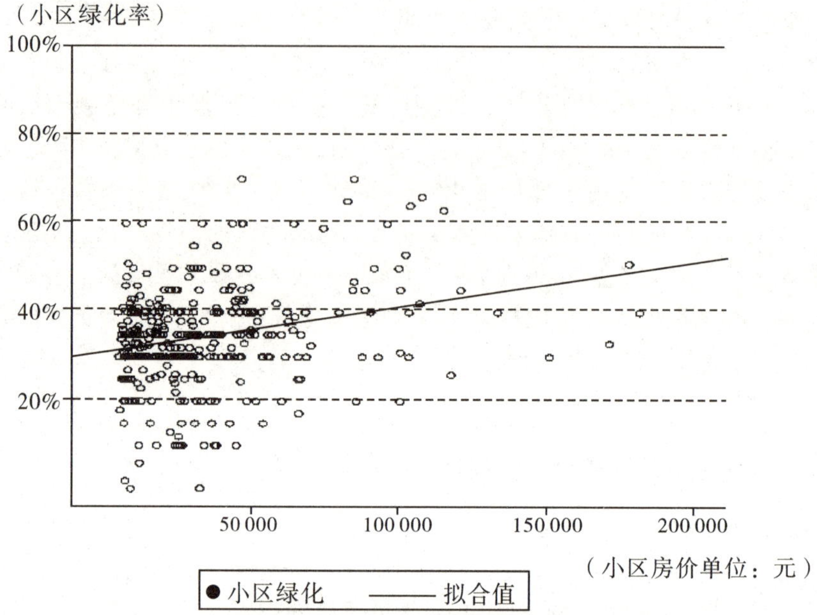

图 2－2　小区房价和绿化率关系

测量小区内公共资源平均水平还有一个重要的参考指标就是容积率。容积率，是指一个小区的总建筑面积与用地面积的比率。[①] 我国借鉴美国的区划管理引进了容积率这一控制指标。容积率作为控制性详细规划中重要的强制性指标，其定义为：一定地块内，总建筑面积与建筑用地面积的比值（《城市规划基本术语标准》GB/T50280—98）。居住小区一般称小区，是指被城市道路或自然分界线所围合，并与居住人口规模（10 000～15 000 人）相对应，配建有一套能满足该区居民基本的物质与文化生活所需的公共服务设施的居住生活聚居地。[②] 本文研究的是居住小区容积率。

① 刘海波．如何保证高容积率下的居住高品质［J］．城市开发，2010（2）：78－79.

② 窦飞宇．基于住宅用户满意度的居住小区容积率研究［D］．广州：华南理工大学，2013.

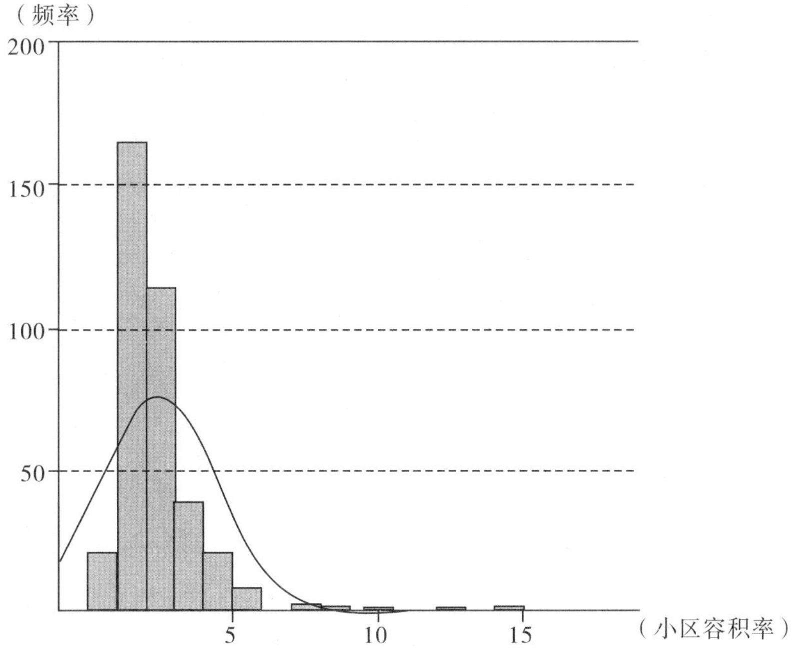

图 2－3　容积率分布

容积率往往在建筑设计、审批、建设等前期阶段就已确定了，小区后期的治理过程中难以对其有所改变，但容积率的大小却有可能对小区治理的难度产生影响。对于房产开发商来说，容积率决定地价成本在房屋中占的比例，而对于住户来说，容积率直接影响居住的舒适度。一个良好的居住小区，高层住宅的容积率应不超过 5，多层住宅的容积率应不超过 2，绿地率应不低于 30%。[①] 本研究中，标杆小区平均的容积率为 2.4，属于中等水平。然而，仍有 5% 的小区容积率超过了 5。

三、居民主观满意度

根据物业服务合同主要权利义务条款和精神，物业的评价指标体系由管理制度、服务模式、专业技能、能源管理、水资源管理、材料应用、环境管理、绿化管理、房屋维保、行为引导 10 类指标组成。本次采集的数据物业评价为 5 分制，得分越高代表物业评价水平越高。由图 2－4 可以知道，物业评价大多数在 3 分左右，并且形成了低分占比略高的偏锋分布，考虑到样本均属于优秀小区，所以物业服务水平整体上还有较大的提升空间。结合前文提到的物业收费水平分布情

① 于小北，李斯征，刘佳，霍达．住宅房地产开发之多目标线性规划及决策分析［J］．建筑经济，2007（S2）：181－184.

况，这就需要对目前物业服务企业的经营模式选择进行必要的关注。物业服务企业应靠优质服务来获取更多的物业费收益，而不是靠低价抢地盘并从小区公共资源（如车位收益、出租收益以及广告位收益等）中攫取暴利。前者类似于税收模式，而后者类似于租金模式。如果多数小区选择后者，那这种与民争利的租金模式不仅难以维系小区的优质物业服务，而且很容易滋生出各种物业纠纷和矛盾。

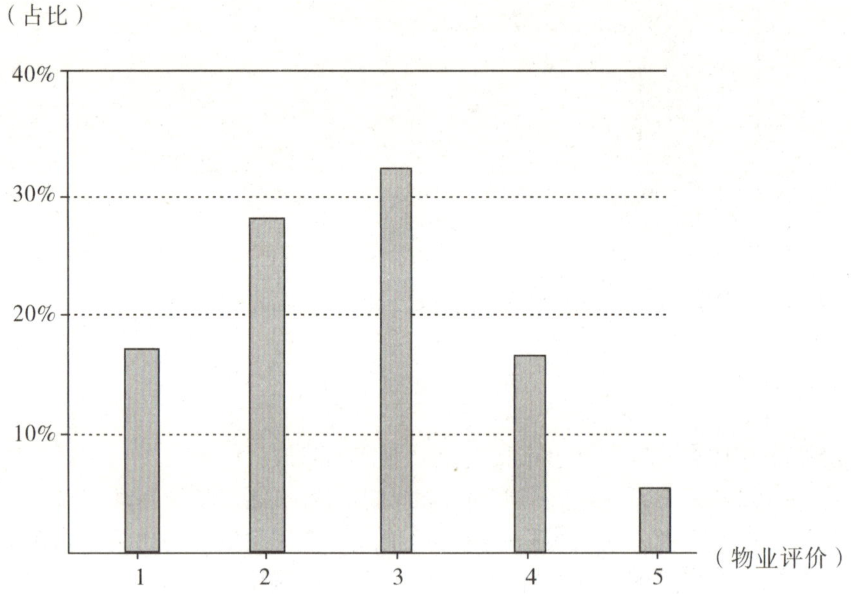

图 2－4　物业评价分布

第五节　小区治理绩效影响因素分析

城市中的小区作为公共事务治理的重要构成要件，体现着我国城市治理的能力。在社区建设提出后，各地也因地制宜地提出了不同的治理模式，积极创新和探索社区治理机制，形成了各具特色的社区治理类型：如青岛模式、沈阳模式、江汉模式、盐田模式、上海模式等。[①] 可以看出，在社区治理过程中，并没有表现出明显的典型模式的特征，不同的治理模式也带来不同的治理绩效。根据上文对我国各大城市小区的治理绩效的对比分析可以看出，小区治理绩效受到诸多因

① 徐林，方亦儿，薛圣凡．社区资源禀赋、治理模式与治理绩效［J］．浙江社会科学，2017（3）：27－36.

素的影响。

一、小区治理结构

小区治理结构是指小区治理主体及其相互间相对固定的制度化的关系（夏建中，2012），其核心是小区的权力结构，体现在小区治理过程中政府—市场—社会三者的权力分界。夏建中认为，按照国家—社会关系，可以将社区治理结构大致分为三种类型：政府主导型的强政府、强社会的社区治理结构，社区主导与政府支持的小政府、大社会的自治型治理结构，以及政府推动和社区自治相结合的合作型治理结构。[①] 这三种社区治理结构引申到小区治理中，同样也构成影响小区治理绩效的关键因素。在小区治理中，治理结构体现在政府派出机构和小区业主委员会的关系上，表现为政府主导型、业主委员会主导型以及政府和小区业主合作型的不同治理格局，三种格局下的小区治理，也会带来不同程度的小区治理绩效。

政府主导型治理结构指的是在小区治理过程中，政府通过向街道办赋权和分权来实现对小区的管理。朱健刚认为，在中国街区内部，国家与社会自治空间并非一定是此消彼长的关系，极有可能是处于一种共生共长、良性互动的关系。[②] 这种模式也被多数研究者认为是更适合中国国情的模式。在实践中，政府主导的小区治理模式也必然会带来小区自治空间不足的问题。[③] 政府主导下的小区治理必然会引发街道办与业主委员会之间的管理权限纠纷，自治合法性也会受到威胁。对于小区住房产权拥有者的业主来说，政府权力的过度干涉也会在一定程度上影响其对小区治理的满意度。

业主委员会主导型治理结构强调政府与社会的分权，认为政府的功能仅在于提供博弈规则和基础性、普适性的公共产品，小区自治组织才应是小区治理的主体。[④] 业主通过选举等自治行为产生自治组织，通过自治组织实现对小区内公共事务的管理。在这种治理下，小区治理绩效取决于政府供给的公共产品（政策、公共设施）以及作为小区自治主体的业主委员会的权限。虽然这种治理模式可以改善政府单一主体管理的成本费用高和绩效低之间的矛盾关系，实现小区业主的当家做主，提高业主决策的通过率以及满意度，但是在实践中，业主委员会主导型的小区仍是少数，这与我国自治组织的现状密不可分。

政府和小区业主合作型治理结构即政府和小区自治组织的合作共治。政府通过向社会自治组织赋权（一定意义上称为权利的归还），把原先由政府组织承担

---

① 夏建中．中国城市社区治理结构研究［M］．中国人民大学出版社，2012：26.

② 朱健刚．国与家之间：上海邻里的市民团体与社区运动的民族志［M］．北京：社会科学文献出版社，2010.

③ 陆晶婧．社会转型背景下的邻里空间、制度能力与社区治理绩效［D］．上海：复旦大学，2013.

④ 陆晶婧．社会转型背景下的邻里空间、制度能力与社区治理绩效［D］．上海：复旦大学，2013.

的社会职能（应然上由社会负责该项权利）交由小区内的自治组织即业主委员会来承担，在小区治理中实现业主的自我管理与自我服务。李霞、陈伟东在对W市院落自治和门栋管理进行研究后认为，居民以信任和合作来进行的小区治理比政府主导的小区治理的绩效更高。[①]

在实践中，不论是基于哪一种小区治理结构，除了政府和小区自治组织这两大主体外，作为市场主体的物业服务企业也同样在小区治理中发挥着作用，构成影响小区治理绩效的重要因素。物业服务企业的角色定位、行使权限的大小、提供服务的水平等都直接影响到业主对小区治理的满意度。在社区治理基本主体结构中，业主委员会、物业公司、作为政府代表的居委会之间存在着摩擦和纠纷。[②] 因此，如何在小区治理过程中平衡三个主体的角色定位以及权限划分，使三者合力推动小区争端的解决，是小区治理绩效提升的关键。

二、社会资本

社会资本是群体成员之间共享的非正式的价值观念、规范，能够促进群体成员之间的相互合作，在我国体现为一种“关系”格局。[③] 社会资本被认为是影响小区治理绩效的重要因素，我国学者对社会资本的基本认同表现为其包含了社会信任、社会规范和社会网络等核心要素，[④] 也涉及“非正式制度”[⑤]“非制度性因素”[⑥]“地方性知识”[⑦] 等其他要素，这些要素均在小区治理中发挥着重要作用。

社会资本的总量和分布决定了小区认同感、凝聚力以及社区治理的绩效。[⑧] 社会资本被划分为共通性社会资本和特殊性社会资本，[⑨] 虽然有学者认为二者对小区治理都有积极作用，但更多学者倾向于阐释包容开放的共通性社会资本对小区治理绩效的正向作用，即小区业主更容易进行集体决策，提高公众的参与度。

---

① 李霞，陈伟东．社区自组织与社区治理成本——以院落自治和门栋管理为个案［J］．理论与改革，2006（6）：88－90.

② 陆晶婧．社会转型背景下的邻里空间、制度能力与社区治理绩效［D］．上海：复旦大学，2013.

③ 陆晶婧．社会转型背景下的邻里空间、制度能力与社区治理绩效［D］．上海：复旦大学，2013.

④ 石发勇．社会资本的属性及其在集体行动中的运作逻辑——以一个维权运动个案为例［J］．学海，2008（3）：96－103.

⑤ 温莹莹．非正式制度与村庄公共物品供给——T村个案研究［J］．社会学研究，2013（1）：113－133.

⑥ 刘娟，陆继霞，叶敬忠．社会保障资源安排中的逻辑与政治——以华北一个村庄为例［J］．公共管理学报，2012，9（1）：25－32.

⑦ 吴晓林，郝丽娜．“社区复兴运动”以来国外社区治理研究的理论考察［J］．政治学研究，2015（1）：47－58.

⑧ 王思斌．体制改革中的城市社区建设的理论分析［J］．北京大学学报（哲学社会科学版），2000（5）：4－13.

⑨ 陈捷，卢春龙．共通性社会资本与特定性社会资本——社会资本与中国的城市基层治理［J］．社会学研究，2009（6）：87－104.

而封闭的特殊性社会资本可能在一定程度上对小区治理产生反向影响。[①] 相应地，社会信任作为社会资本的构成要件，也被划分为普遍信任（对一般陌生人的普遍信任）和特殊信任（对熟人的信任）。[②] 社会信任并不是直接影响着小区治理绩效，而是通过小区自治组织即业主委员会的选举质量、大众对小区公共事务管理的参与度和非政府组织三个具体方面影响着小区治理的绩效水平。

三、小区人口规模

管理幅度这一问题在社区治理中常有提及，但在小区治理中却易被忽略。张大维、陈伟东和孔娜娜针对武汉市“院落自治”和“门栋自治”的研究发现，“社区并非一定是有效的初级治理单元”，社区社会空间的大小会影响社区的有效自治，“范围相对较小的居民小组、院落、门栋等有形的社区社会空间以及各种志愿文体娱乐组织等无形的社区社会空间更容易使居民形成集体行动”，从而提高治理绩效。[③] 这一结论对于小区治理同样适用。与国外的小区相比，我国居住人口在5万，甚至10万以上的小区不在少数，这个数量在国外几乎为一个乡镇的总人数。在如此庞大的群体里，仅靠自愿性的公益组织进行管理，显然会“力不从心”，影响小区治理的绩效。

近些年，我国在小区治理中建立起业主自治组织，通过开展业主大会选举产生业主委员会，由业主委员会通过选聘物业服务企业对小区公共事务进行管理。但是，这对自治高度不发达、志愿性不足导致业主委员会成立难的小区而言，无疑构成了治理的一大难题，不利于公共问题的解决。其次，人口规模过大更容易在公共事务决策中形成集体行动的困境，公众的参与度易受影响，不利于公共决策的产生和执行，导致小区治理瓶颈的出现，影响小区治理绩效。最后，人口规模过大，容易导致小区业主自治的理想主义，而实际上一些业主对公共事务“置身事外”，不能很好地实现小区治理能力的提升。

四、制度能力

制度能力的概念由西方城市治理理论发展而来，强调“以地方为基础”的制度分析视角。制度能力指的是在一个特定的场域中，培养一种特定的地方能力或者地方文化，使政府机构、商业部门和市民社会能够形成协商合作、资源整合

---

① 陈捷，卢春龙．共通性社会资本与特定性社会资本——社会资本与中国的城市基层治理［J］．社会学研究，2009（6）．

② 陆晶婧．社会转型背景下的邻里空间、制度能力与社区治理绩效［D］．上海：复旦大学，2013.

③ 张大维，陈伟东，孔娜娜．中国城市社区治理单元的重构与创生——以武汉市“院落自治”和“门栋自治”为例［J］．城市问题，2006（4）：59－63.

的氛围。这对地方的治理和发展起到至关重要的作用。在孙小逸和黄荣贵的研究中，这种制度能力主要体现为一种居委会对内外资源的汲取力，进而影响其为社区提供的公共产品和服务的水平。该研究通过对上海45个小区调查数据的统计分析，提出了居委会的制度能力与社区治理绩效之间存在显著的关系。[①] 居委会动员社区外资源的能力有助于提高其服务效率、居委会直选投票率，居委会与物业之间的合作关系也有助于提高直选投票率。[②] 可以看出，这种居委会的制度能力体现在动员外部资源和取得与物业的合作两个方面，就小区而言，这种制度能力则体现为业主大会和业主委员会的能力。在小区内部，作为决策机构的业主大会和作为执行机构的业主委员会对内承担着管理小区公共事务、解决小区内部矛盾和动员业主开展会议的责任，对外负责选聘物业服务企业，汲取外部资源以满足小区资源需求。

在小区治理实践中，业主委员会作为自治组织，其制度能力建设体现着外部联系与内部动员管理的有机结合，即在业主自治组织的制度能力建设过程中，外部联系指向的是小区共同体与街道办和居委会等基层政权组织以及代表市场主体的物业服务企业之间的对接关系，从而提升其获取外部资源的能力，为小区业主提供更好的服务，进而影响小区治理绩效水平。内部动员管理指向的是小区自治组织对小区内业主的动员能力，从而提高小区业主的参与度。

五、业主自治制度建设

要提升小区治理绩效，政策的支持也十分必要。业主大会和业主委员会作为小区中业主权利的形式机构，其行为是否具有法律效力以及其发挥作用的大小都会对小区治理绩效产生影响。而业主自治制度能为小区治理中业主大会和业主委主会的存在提供必要的合法性支持，其推行程度对小区治理绩效也具有重要影响。

业主大会和业主委员会作为志愿性组织，其成立本身就是一个动员的过程，如果没有必要的政策支持，小区治理的社会权利的回归也将成为无稽之谈。当前，我国小区治理中普遍存在业主委员会成立难和执行难的问题，要解决这两个难题，必须在制度设计中使小区自治组织真正发挥作用，有针对性地推进业主自治制度的实行，使小区自治组织具有一定的法律地位。这不仅有利于实现小区治理现代化，同时也有利于提高小区治理中业主的参与度和满意度。

但就实践而言，我国业主自治制度的设计存在一定的超前性，过大的期望被寄托在业主自治组织上，自治在历史和基因方面的缺乏使得业主自治容易滑向“乌托邦”，这是我们在以后的研究中需要注意的一点。

---

① 孙小逸，黄荣贵．制度能力与治理绩效——以上海社区为例［J］．公共管理学报，2012，9（4）．

② 陆晶婧．社会转型背景下的邻里空间、制度能力与社区治理绩效［D］．上海：复旦大学，2013.

第三章　小区治理的法律分析

第一节　小区治理政策法律变迁

小区治理是以商品房住宅小区内的专有和共有部分即物业为客体，以开发商、业主、物业服务企业以及街道办等为治理主体，形成的以小区治理为出发点的多种法律关系集合，随着住房商品化进程，产生了一部“法律变迁史”。

一、宪法

不同于国家公权，小区治理所体现的主要是一种私权，即公民权利的扩张。小区治理所体现的是不同于以往的政府管理模式，区别于统治和管理，治理具有新的含义：“治理是各种公共的和私人的机构管理其共同事务的诸多方式的总和。它是使相互冲突的或不同利益得以调和并且采取联合行动的持续的过程。它既包括有权迫使人们服从的正式制度和规则，也包括各种人们同意或以为符合其利益的非正式的制度安排。”① 在这里就体现为与小区治理相关的各种政策法律以及管理规约的制定对业主起到的规范和约束作用。针对小区治理，我国以保护公民基本权利为主线，以《中华人民共和国宪法》为基石，在国家根本大法的基础上，对业主合法的权利进行规范和保护，形成了一套关于住房体制改革的法律法规，实现了城市居民对建筑物区分所有权的获得。

① 俞可平．全球化：全球治理［M］．北京：社会科学文献出版社，2003：3.

表 3－1　宪法相关规定

颁布时间	文件名称	颁布部门	效力级别	相关规定
1982 年 12 月 4 日	中华人民共和国宪法	全国人民代表大会	宪法	第十三条规定：“国家保护公民的合法的收入、储蓄、房屋和其他合法财产的所有权”“国家依照法律规定保护公民的私有财产的继承权。”①
1988 年 4 月 12 日	中华人民共和国宪法修正案（1988）	全国人民代表大会	宪法	第十条第四款：“任何组织或者个人不得侵占、买卖、出租或者以其他形式非法转让土地。”
2004 年 3 月 14 日	中华人民共和国宪法修正案（2004）	全国人民代表大会	宪法	第十条第三款：“国家为了公共利益的需要，可以依照法律规定对土地实行征收或者征用并给予补偿。”第十三条：“公民的合法的私有财产不受侵犯。”“国家依照法律规定保护公民的私有财产权和继承权。”“国家为了公共利益的需要，可以依照法律规定对公民的私有财产实行征收或者征用并给予补偿。”②

① 中华人民共和国宪法［J］．中华人民共和国国务院公报，1982（20）．

② 见《中华人民共和国宪法修正案》（2004）中，将第十条第三款“国家为了公共利益的需要，可以依照法律规定对土地实行征用”修改为“国家为了公共利益的需要，可以依照法律规定对土地实行征收或者征用并给予补偿”。将第十三条“国家保护公民的合法的收入、储蓄、房屋和其他合法财产的所有权”及“国家依照法律规定保护公民的私有财产的继承权”修改为“公民的合法的私有财产不受侵犯”“国家依照法律规定保护公民的私有财产权和继承权”“国家为了公共利益的需要，可以依照法律规定对公民的私有财产实行征收或者征用并给予补偿”。

二、法律

表 3 – 2 法律相关规定

颁布时间	文件名称	颁布部门	效力级别	相关规定
1986 年 4 月 12 日	中华人民共和国民法通则①	全国人民代表大会	基本法律	在宪法相关规定的基础上，再次提出对公民的财产权进行保护，并对与建筑物相关侵害事项的责任进行规定②
1986 年 6 月 25 日	中华人民共和国土地管理法③	全国人民代表大会常务委员会	一般法律	土地大部分国有，未规定的归集体所有
1989 年 12 月 26 日	中华人民共和国城市居民委员会组织法	全国人民代表大会常务委员会	一般法律	从法律层面肯定了城市居民的自治行为，规定乡政府同村民委员会的关系为指导关系，以及对居民委员会的设立范围、组成、居民会议的召开与经费等进行规范

① 已被修改。

② 第七十五条针对个人财产所有权作出规定："公民的个人财产，包括公民的合法收入、房屋、储蓄、生活用品、文物、图书资料、林木、牲畜和法律允许公民所有的生产资料以及其他合法财产。公民的合法财产受法律保护，禁止任何组织或者个人侵占、哄抢、破坏或者非法查封、扣押、冻结、没收。"第一百二十六条指明了物件致人损害的民事责任："建筑物或者其他设施以及建筑物上的搁置物、悬挂物发生倒塌、脱落、坠落造成他人损害的，它的所有人或者管理人应当承担民事责任，但能够证明自己没有过错的除外。"

③ 该法于 1988 年 12 月 29 日被修订。

（续上表）

颁布时间	文件名称	颁布部门	效力级别	相关规定
2007年3月16日	中华人民共和国物权法	全国人民代表大会	基本法律	1. 首次对物权从法律层面进行了原则性规定，规定业主基于建筑物区分所有权，从而让业主对专有部分享有所有权以及对小区内共有部分享有共有权和共同管理的权利。① 对最容易引起纠纷的车位问题也作出了规范性描述②； 2. 明确了物业、业主之间的权利归属，即明确了业主有更换物业管理公司的权利③ 3. 将“物业管理企业”更名为“物业服务企业”，将“业主公约”修改为“管理规约”④

三、行政法规

表3－3　相关行政法规

颁布时间	文件名称	颁布部门	效力级别	相关规定
1983年12月17日	城市私有房屋管理条例	国务院	行政法规	对私有房屋所有权的登记、买卖、租赁以及代管进行了许可以及详细规定

① 《中华人民共和国物权法》第七十条规定：“业主对建筑物内的住宅、经营性用房等专有部分享有所有权，对专有部分以外的共有部分享有共有和共同管理的权利。”

② 《中华人民共和国物权法》第七十四条规定：“建筑区划内，规划用于停放汽车的车位、车库应当首先满足业主的需要。建筑区划内，规划用于停放汽车的车位、车库的归属，由当事人通过出售、附赠或者出租等方式约定。”

③ 《中华人民共和国物权法》第八十一条规定：“业主可以自行管理建筑物及其附属设施，也可以委托物业服务企业或者其他管理人管理。对建设单位聘请的物业服务企业或者其他管理人，业主有权依法更换。”

④ 《中华人民共和国物权法》第七十六条规定：“下列事项由业主共同决定：（一）……；（二）制定和修改建筑物及其附属设施的管理规约；……（四）选聘和解聘物业服力企业或者其他管理人；……”

（续上表）

颁布时间	文件名称	颁布部门	效力级别	相关规定
1990 年 5 月 19 日	中华人民共和国城镇国有土地使用权出让和转让暂行条例	国务院	行政法规	对国有土地的出让、转让、出租、抵押、使用权终止以及划拨使用权进行规定
2003 年 6 月 8 日	物业管理条例①	国务院	行政法规	1. 初次以行政法规形式对物业管理进行规范化管理； 2. 对业主大会的成立方式、职责、构成以及前期物业管理、物业管理服务以及法律责任等进行规定，其中并未涉及对业主和使用人的区分以及房屋使用人的权限及责任界定
2007 年 8 月 26 日	物业管理条例（2007 修订）	国务院	行政法规	扩展了主管单位：在物业所在地的区、县人民政府房地产行政主管部门基础上加入两级——街道办事处、乡镇人民政府作为指导单位②，并对业主大会会议的参加人数进行重新规定。对业主大会通过的涉及筹集和使用专项维修基金和改建、重建建筑物及其附属设施的决议的规定，更加体现业主的代表

① 《物业管理条例》后经 2007 年和 2016 年两次修订。

② 《物业管理条例》第十条指出："同一个物业管理区域内的业主，应当在物业所在地的区、县人民政府房地产行政主管部门或者街道办事处、乡镇人民政府的指导下成立业主大会，并选举产生业主委员会。但是，只有一个业主的，或者业主人数较少且经全体业主一致同意，决定不成立业主大会的，由业主共同履行业主大会、业主委员会职责。"

（续上表）

颁布时间	文件名称	颁布部门	效力级别	相关规定
2007年8月26日	物业管理条例（2007修订）	国务院	行政法规	性和决定权。① 解聘物业只要1/2业主同意即可。此外，《物业管理条例》也指出“业主可以委托代理人参加业主大会会议”
2016年2月6日	物业管理条例（2016修订）	国务院	行政法规	放宽了《物业管理条例》中对物业管理人员的限制②

四、中央政策文件

表3-4　相关中央政策文件

颁布时间	文件名称	颁布部门	效力级别	相关规定
2010年8月26日	关于加强和改进城市社区居民委员会建设工作的意见	中共中央办公厅、国务院办公厅	中央政策文件	提出：“实现政府主导、公众参与，形成社区居民委员会建设的合力。此外，要加快社区居民委员会组织的全覆盖。发挥业主大会和业主委员会在社区管理和服务中的积极作用。其次，社区居民委员会还要积极支持物业服务企业开展多种形式的社区服务，

① 《物业管理条例》第十二条第一款指出：“业主大会会议可以采用集体讨论的形式，也可以采用书面征求意见的形式；但是，应当有物业管理区域内专有部分占建筑物总面积过半数的业主且占总人数过半数的业主参加。”第三款指出：“业主大会决定本条例第十一条第（五）项和第（六）项规定的事项，应当经专有部分占建筑物总面积2/3以上的业主且占总人数2/3以上的业主同意；决定本条例第十一条规定的其他事项，应当经专有部分占建筑物总面积过半数的业主且占总人数过半数的业主同意。”

② 2016年修订的《物业管理条例》对原《物业管理条例》中第三十三条“从事物业管理的人员应当按照国家有关规定，取得职业资格证书”以及第六十一条“违反本条例的规定，物业服务企业聘用未取得物业管理职业资格证书的人员从事物业管理活动的，由县级以上地方人民政府房地产行政主管部门责令停止违法行为，处5万元以上20万元以下的罚款；给业主造成损失的，依法承担赔偿责任”进行了删减。

（续上表）

颁布时间	文件名称	颁布部门	效力级别	相关规定
2010年8月26日	关于加强和改进城市社区居民委员会建设工作的意见	中共中央办公厅、国务院办公厅	中央政策文件	在业主委员会和物业服务企业与社区居民委员会之间形成指导和监督关系。”①
2000年11月19日	中共中央办公厅、国务院办公厅关于转发《民政部关于在全国推进城市社区建设的意见》的通知	中共中央办公厅、国务院办公厅	中央政策文件	对社区和社区建设进行界定，明确其是在党和政府的领导下，与社区合作，解决社区问题的组织和过程
2017年6月12日	中共中央、国务院关于加强和完善城乡社区治理的意见	中共中央、国务院	中央政策文件	1. 该《意见》作为首个以党中央、国务院名义对城乡社区治理工作进行专门部署的政策文件，改进了社区物业服务管理作为城乡社区治理的五大短板之一，也体现了不仅要推行社区物业服务管理，还要实现其改进。 2.《意见》提出：“要建立健全社区党组织、社区居民委员会、业主委员会和物业服务企业的四方议事协调机制。”② 此外，还要探索在社区居民委员会下设环境和物业管理委员会，督促业主委员会和物业服务企业履行职责，实现六个探索

① 中共中央办公厅，国务院办公厅．关于加强和改进城市社区居民委员会建设工作的意见［J］．中国民政，2010（12）：45－48.

② 中共中央、国务院关于加强和完善城乡社区治理的意见［EB/OL］．http：//www.gov.cn/zhengce/2017－06/12/content_5201910.htm.

五、地方性法规

表 3－5　相关地方性法规

颁布时间	文件名称	颁布部门	效力级别	相关规定
1994 年 7 月 11 日	深圳经济特区住宅区物业管理条例（已失效）①	深圳市人民代表大会（含常务委员会）	经济特区法规	中国第一个有关物业管理的地方性法规，明确规定了“住宅区”“物业”“业主”等新兴词语的法律含义
1998 年 7 月 29 日	广东省物业管理条例	广东省人民代表大会	省级地方性法规	该《条例》是全国首个省级物业管理条例，规定了业主和物业公司的权利，对业主、物业、使用人进行区分，同时对法律责任进行划分。值得注意的是，《条例》没有规定实行自治，而是通过业主大会对物业管理公司进行委托，迈出了物业管理社会化和专业化的第二步
2000 年 12 月 24 日	江苏省物业管理条例	江苏省人民代表大会	省级地方性法规	在江苏省推行物业管理，形成政府指导下的物业管理；同时，对物业管理企业实行第三产业优惠政策；倡导业主通过自治实现对物业的管理
2001 年 1 月 13 日	河南省物业管理条例	河南省人民代表大会	省级地方性法规	除了对业主（所有权人）进行了权利的规定，还指出使用人可以列席业主大会；同时，业主公约对使用人同样有约束力。但是对于物业管理企业的惩罚较低，仅仅是恢复原状限期整改，只有限期内不整改才会对其降低资质，并没涉及对业主的损害赔偿等

① 《深圳经济特区住宅区物业管理条例》后被 2007 年深圳市人民代表大会颁布的《深圳经济特区物业管理条例》代替。

（续上表）

颁布时间	文件名称	颁布部门	效力级别	相关规定
2002年10月24日	天津市物业管理条例①	天津市人民代表大会常务委员会会议	省级地方性法规	只规定了业主的权利和义务，并没有涉及对使用人的权利义务
2007年10月17日	深圳经济特区物业管理条例	深圳市人民代表大会（含常务委员会）	经济特区法规	规定了街道办事处对业主大会成立以及业主委员会运行的协调工作，同时将深圳市物业管理协会纳入经济特区法规之中，肯定了物业管理协会的行业经营行为，并倡导其负责制定并监督实施物业服务规范，组织物业服务行业从业人员的业务培训工作，实现权力的下放
2010年12月23日	上海市住宅物业管理规定（2010修订）	上海市人民代表大会（含常务委员会）	省级地方性法规	在《上海市住宅物业管理规定》（2004年8月19日）的基础上，再次对物业管理进行概念界定：由“委托”到“选聘”物业服务企业，由“物业管理企业”到“物业服务企业”转变

六、部门规章

表3-6 相关部门规章

颁布时间	文件名称	颁布部门	效力级别	相关规定
1983年6月4日	城镇个人建造住宅管理办法（已失效）②	城乡建设环境保护部（已变更）	部门规章	允许城市个人依申请建造住宅

① 《天津市物业管理条例》后于2008年修订。

② 本法规已被《国务院关于废止部分行政法规的决定》（发布日期：2008年1月15日；实施日期：2008年1月15日）废止。

（续上表）

颁布时间	文件名称	颁布部门	效力级别	相关规定
1989 年 11 月 21 日	城市异产毗连房屋管理规定（已失效）①	建设部（已撤销）	部门规章	1. 该《规定》对异产毗连的产权以及管理进行界定，在对共有产权的管理上进行规定，同时也对产权所有人和使用人对共有部分的使用进行权责规定；2. 第十七条规定："售给个人的异产毗连公有住房，其共有部位和共用设备的维修办法，将依照国家住房制度改革的有关文件另行规定。"
1994 年 3 月 23 日	城市新建住宅小区管理办法（已失效）②	建设部（已撤销）	部门规章	中国第一个关于物业管理的政府部门规章，规定了住宅小区应当逐步推行社会化、专业化的管理模式，由物业管理公司统一实施专业化管理以及首次明确应当成立住宅小区管理委员会③，首次使用了"小区管理委员会"一词

① 《城市异产毗连房屋管理规定》于 2001 年被修订，并于 2011 年 1 月 26 日根据《住房和城乡建设部关于废止和修改部分规章的决定》被废止。

② 本法规已被《建设部关于废止〈工程建设重大事故报告和调查程序规定〉等部令的决定》（发布日期：2007 年 9 月 21 日；实施日期：2007 年 9 月 21 日）废止。

③ 《城市新建住宅小区管理办法》第六条指出："住宅小区应当成立住宅小区管理委员会（以下简称管委会）。管委会是在房地产行政主管部门指导下，由住宅小区内房地产产权人和使用人选举的代表组成，代表和维护住宅小区内房地产产权人和使用人的合法权益。"

（续上表）

颁布时间	文件名称	颁布部门	效力级别	相关规定
1996年3月1日	城市住宅小区物业管理服务收费暂行办法（已失效）①	国家发展和改革委员会（含原国家发展计划委员会、原国家计划委员会）	部门规章	对物业管理企业的收费以部门规章的形式进行规定；同时，在定价时，除了遵循物业产权人的意见外，使用人的承受能力也被考虑在内。使用了小区管理委员会（业主管理委员会）等新概念②
1997年10月27日	城市房屋权属登记管理办法（已失效）③	建设部（已撤销）	部门规章	对房屋权属登记作出详细规定，对房屋权利人和房屋权利申请人进行界定
1998年11月9日	建设部、财政部关于印发《住宅共用部位共用设施设备维修基金管理办法》的通知	建设部（已撤销）、财政部	部门规章	对住房共用部位设备设施进行规定，并且就维修基金的筹集、使用、管理作出规定，在业主委员会和物业管理企业之间就维修基金设定规则
2001年8月15日	建设部关于修改《城市异产毗连房屋管理规定》的决定	建设部（已撤销）	部门规章	针对共有房屋的损害以及修缮作出一系列修改和规定④

① 本法规已被《国家发展和改革委员会、建设部关于印发〈物业服务收费管理办法〉的通知》（就物业服务合同相关事宜以及共有部分的经营进行规定）（发布日期：2003年11月13日；实施日期：2004年1月1日）废止。

② 杨玉圣．小区善治研究［M］．北京：社会科学文献出版社，2014：229.

③ 本法规已被《建设部关于修改〈城市房屋权属登记管理办法〉的决定》（发布日期：2001年8月15日；实施日期：2001年8月15日）修改；并于2008年已被《房屋登记办法》（发布日期：2008年2月15日；实施日期：2008年7月1日）废止。

④ 该《决定》对《城市异产毗连房屋管理规定》的第十一条、第十二条、第十四条以及第十七条等进行了修改。

（续上表）

颁布时间	文件名称	颁布部门	效力级别	相关规定
2002年3月5日	住宅室内装饰装修管理办法	建设部（已撤销）	部门规章	提出一些禁止性事项（主要针对变更建筑主体和承重结构等改变建筑物基本结构的事项）以及需批准的事项（主要针对建筑物、构筑物的搭建等）
2004年3月17日	物业管理企业资质管理办法①	建设部（已撤销）	部门规章	对不同等级的物业管理企业进行资质认定
2007年11月26日	物业服务企业资质管理办法（已失效）	建设部（已撤销）	部门规章	取消对物业管理企业的年检，同时将其更名为“服务企业”；更明确了物业服务企业的“服务”性质。取消审批后，建设部要研究制定物业服务标准规范，通过建立黑名单制度、信息公开、推动行业自律等方式，加强事中、事后监管②
2007年12月4日	住宅专项维修资金管理办法	建设部（已撤销）、财政部	部门规章	指出“住宅专项维修资金管理实行专户存储、专款专用、所有权人决策、政府监督的原则”③
2008年2月15日	房屋登记办法	建设部（已撤销）	部门规章	对房屋登记提出新的规定，并且取消了原有《办法》中对房屋权利所有人和申请人的区分，一律使用申请人，并且依申请给予登记

① 本法规已被《建设部关于修改〈物业管理企业资质管理办法〉的决定》（发布日期：2007年11月26日；实施日期：2007年11月26日）修正。

② 原《物业管理企业资质管理办法》经《建设部关于修改〈物业管理企业资质管理办法〉的决定》（2007年11月26日）修改为《物业服务企业资质管理办法》。

③ 该《办法》第四条指出：“住宅专项维修资金管理实行专户存储、专款专用、所有权人决策、政府监督的原则。”

七、地方政府规章

表 3－7 相关地方政府规章

颁布时间	文件名称	颁布部门	效力级别	相关规定
1987 年 7 月 16 日	辽宁省城镇房屋所有权登记和产权产籍管理办法	辽宁省人民政府	地方政府规章	在全国《城镇房屋所有权登记暂行办法》指导下制定地方政府规章，对本地城镇房屋所有权登记进行管理和规定
1987 年 11 月 26 日	厦门市人民政府关于城镇房屋所有权、土地使用权登记的暂行规定（已失效）	厦门市人民政府	地方政府规章	不仅对所有权进行登记，对土地使用权也进行登记管理
1988 年 1 月 4 日	山西省城镇房屋所有权登记发证暂行办法	山西省人民政府	地方政府规章	以房屋所有权证和房屋共有权保持证作为房屋所有者进行管理和使用房屋的凭证①
1988 年 2 月 24 日	太原市城镇房屋所有权登记实施办法	太原市人民政府	地方政府规章	为了加强城镇房屋管理，保护房屋所有权人的合法权益，指出“房屋所有权发生纠纷，由市、县（区）房管机关仲裁。当事人不服可诉请人民法院裁处”

① 该《山西省城镇房屋所有权登记发证暂行办法》第五条指出：“由市、县人民政府颁发房屋所有权证和房屋共有权保持证，房屋所有者凭证管理和使用房屋。”

（续上表）

颁布时间	文件名称	颁布部门	效力级别	相关规定
1995 年 7 月 7 日	北京市居住小区物业管理办法（已失效）①	北京市人民政府	地方政府规章	1. 对前期物业的成立以及物业管理进行界定，对物业管理企业的权利和义务、收费标准以及主管单位做了详细规定； 2. 使用了“物业管理委员会”一词②； 3. 第十六条对业主行为进行限制性规定； 4. 对房地产产权人和使用人进行了规定
1998 年 7 月 20 日	深圳经济特区物业管理行业管理办法	深圳市人民政府	地方政府规章	深圳市在《物业管理条例》基础上，先行推行针对物业管理行业的管理办法，对物业的招投标等进行规定
2010 年 4 月 26 日	北京市物业管理办法	北京市人民政府	地方政府规章	使用“业主”替换了“房屋产权人”和“使用人”，由委托物业管理企业到允许自行管理或通过他人管理，第十三条规定：“业主可以成立业主大会。”
2013 年 11 月 27 日	《深圳经济特区物业管理条例》实施若干规定	深圳市人民政府	地方政府规章	对物业管理联席会议、业主、业主大会以及业主委员会作出详细规定

① 本篇法规已被《北京市人民政府关于修改〈北京市测绘成果管理办法〉等一百零五项规章部分条款的决定办法》（发布日期：1997 年 12 月 31 日；实施日期：1997 年 12 月 31 日）修改；并于 2010 年 4 月 26 日，根据《北京市物业管理办法》第四十六条被废止。

② 《北京市居住小区物业管理办法》第八条指出：“居住小区已交付使用并且入住率达到 50% 以上时，应当在该居住小区开发建设单位、居住小区所在地的区、县房屋土地管理机关指导下建立物业管理委员会。物业管理委员会由居住小区内房地产产权人和使用人的代表及居民委员会的代表组成。”

八、其他规范性文件

表3－8 其他规范性文件

颁布时间	文件名称	颁布部门	效力级别	相关规定
1980年3月5日	关于用侨汇购买和建设住宅的暂行办法（已失效）①	国家城市建设总局、国务院侨务办公室	国务院规范性文件	对个人购买、建设房屋的许可
1987年11月2日	国家计划委员会、城乡建设环境保护部、国家统计局关于加强商品房屋建设计划管理的暂行规定（已失效）②	国家发展和改革委员会（含原国家发展计划委员会、原国家计划委员会）、城乡建设环境保护部（已变更）、国家统计局	部门规范性文件	对商品房屋进行界定和实施计划管理；规定从1987年开始，各地区的商品房屋建设均纳入国家计划
1987年4月21日	城乡建设环境保护部关于印发《城镇房屋所有权登记暂行办法》的通知（已失效）③	城乡建设环境保护部（已变更）	部门规范性文件	对城镇房屋所有权的登记进行规范，围绕房屋登记的主体、范围以及登记要求等进行规定；承认了房屋所有者可以根据已经获得的凭证对自己的房屋进行管理④

① 本法规已被《国务院关于废止部分行政法规的决定》（发布日期：2008年1月15日；实施日期：2008年1月15日）宣布失效；原因：调整对象已消失，实际上已经失效。

② 本法规经《国家发展和改革委员会决定废止、宣布失效、修改的规章和规范性文件目录》决定废止。

③ 根据住房和城乡建设部《关于公布住房和城乡建设部规范性文件清理结果目录的公布》（2011年1月26日）决定废止。

④ 该《办法》第四条指出：“房屋所有权证和房屋共有权保持证是国家依法保护房屋所有权的合法凭证。房屋所有者凭证管理和使用自己的房屋。”

（续上表）

颁布时间	文件名称	颁布部门	效力级别	相关规定
1988年2月25日	国务院关于印发《在全国城镇分期分批推行住房制度改革实施方案》的通知	国务院	国务院规范性文件	1.《通知》要求改革住房建设、分配、维修、管理体制。由原来单位统包职工住房建设、分配、维修、管理一体化的单位所有制，转变为住房的生产、建设专业化，维修、管理社会化的体制。” 2.《通知》指出：“从一九八八年起，用三、五年时间，在全国城镇分期分批把住房制度改革推开。” 3.《通知》指出：“我国城镇住房制度改革的目标是：‘按照社会主义有计划的商品经济的要求，实现住房商品化。’”
1988年3月18日	北京市城镇房屋所有权登记发证领导小组、北京市房地产管理局关于印发《北京市城镇房屋所有权登记暂行办法》的通知	北京市城镇房屋所有权登记发证领导小组、北京市房地产管理局	地方规范性文件	1. 第二条指出：“本办法适用于本市城区、郊区、县城、建制镇、工矿区范围内的所有房屋，包括全民所有制机关、军队、企事业单位的房屋，集体所有制房屋，私人房屋，社会团体房屋等。” 2. 第三条指出：“城镇房屋所有权登记除外国政府、企业、个人及中外合资企业所有的房屋由市房地产管理局办理外，其他房屋均由区县房地产管理局办理。”

（续上表）

颁布时间	文件名称	颁布部门	效力级别	相关规定
1991 年 6 月 7 日	关于继续积极稳妥地进行城镇住房制度改革的通知（已失效）	国务院	国务院规范性文件	1.《通知》指出："住房制度改革是经济体制改革的重要组成部分，也是人民群众十分关注的重大问题，其根本目的是要缓解居民住房的困难，不断改善住房条件，正确引导消费，逐步实现住房商品化，发展房地产业。" 2.《通知》第二项规定："今后，凡按市场价购买的公房，购房后拥有全部产权。职工购买公有住房，在国家规定的住房面积以内，实行标准价，购房后拥有部分产权，可以继承和出售；超过国家规定住房标准的部分，按市场价计价。"
1994 年 7 月 18 日	关于深化城镇住房制度改革的决定（已失效）	国务院	国务院规范性文件	再次提出要将管理住房的体制转变为社会化和专业化的体制，以及推动房屋维修、管理市场的发展

（续上表）

颁布时间	文件名称	颁布部门	效力级别	相关规定
1997 年 4 月 3 日	建设部关于加强公有住房售后维修养护管理工作的通知（已失效）	建设部（已撤销）	部门规范性文件	1. 第五条规定：“一个住宅组团或住宅小区公有住房出售达到一定比例后，房地产行政主管部门要适时组织指导成立业主管理委员会（以下简称业主委员会）。” 2. 第六条规定：“公有住房出售后，业主委员会成立前，住宅的维修养护管理由售房单位或售房单位委托的管理单位承担；业主委员会成立后，住宅的管理，由业主委员会选聘的物业管理企业，按照双方签订的物业管理合同进行管理。” 3. 第七条规定：“公有住房出售时，要严格界定住宅的自用部位和自用设备及共用部位和共用设施设备的维修养护责任。住宅自用部位和自用设备的维修养护责任，由住宅所有人承担，住宅所有人可以自行维修养护，也可以委托物业管理企业维修养护。”

（续上表）

颁布时间	文件名称	颁布部门	效力级别	相关规定
1997 年 6 月 23 日	北京市房屋土地管理局《关于开展组建居住小区物业管理委员会试点工作的通知》	北京市房屋土地管理局	地方规范性文件	居住小区物业管理委员会（以下简称管委会）是代表本物业区域全体产权人和使用人的合法权益，负责对区域内物业实施管理的组织。组建管委会是居住小区实施物业管理的一项十分重要的基础工作，要求各区县局认真开展组建管委会的试点工作。同时，管委会委员候选人应是道德品质好、责任心强、热心公益事业和具有完全民事行为能力的产权人或产权人代表、使用人
1998 年 4 月 8 日	北京市房屋土地管理局关于全面开展组建物业管理委员会工作的通知	北京市房屋土地管理局	地方规范性文件	将组建管委会作为小区物业管理的基础工作，并将其作为全市小区管理工作的重点，倡导在北京市开展管委会的组建工作，并且要形成自治与物业企业管理相结合的物业管理体制
2004 年 8 月 26 日	深圳经济特区物业管理行业管理办法（2004 修订）	深圳市政府	地方规范性文件	放宽了对物业管理企业资质的限制
2009 年 5 月 14 日	最高人民法院关于审理建筑物区分所有权纠纷案件具体应用法律若干问题的解释	最高人民法院	司法解释	对《物权法》中涉及的业主以及专有部分和共有部分进行概念区分和界定

（续上表）

颁布时间	文件名称	颁布部门	效力级别	相关规定
2011 年 10 月 26 日	深圳市住房和建设局关于印发《深圳市物业管理电子投票规则（试行）》的通知	深圳市住房和建设局	地方规范性文件	规定了电子投票的具体操作从业主认证到投票效力，推行电子投票的同时，纸质投票同样具有效力，但如果业主既进行了纸质投票又进行了电子投票，以电子为准
2016 年 12 月 13 日	深圳市住房和建设局关于印发《深圳市物业管理微信投票规则（试行）》的通知	深圳市住房和建设局	地方规范性文件	主动运用先进技术，首次在全国以政策形式确立了物业管理的具体措施
2017 年 12 月 15 日	住房城乡建设部办公厅关于做好取消物业服务企业资质核定相关工作的通知	住房和城乡建设部	部门规范性文件	在 2016 年新修订的《物业管理条例》基础上再次明确要取消物业服务企业资质核定的相关具体措施。通过建立物业服务行业的信用体系平台，采取“双随机”的抽查机制，将物业服务纳入社区治理体系，明确对物业服务企业采取属地管理，加强对物业服务企业的事后监督机制，明确物业服务企业和业主之间就矛盾突出点——物业共用部位、共用设施设备的权利义务关系

第二节　法律政策变迁分析

上述法律政策汇编从法律角度对法律法规进行分类，纵观我国小区治理的各项政策法律变迁，就内容而言，目前我国关于小区治理的法律法规主要集中于土地登记、房屋登记、土地和房屋所有权、物业管理、业主自治以及共有和相邻关系等方面。这与我国住房体制改革的推行有密切关系，在改革深化的背景下，伴随着单位制的解体，旧的社会管理模式受到冲击，各种社会矛盾逐渐暴露，带来了政府管理成本的上升，于是各级政府开始探索以不同的方式进行社会管理。总体来看，我国针对小区治理的法律规范主要集中于以下几点：

一、物业管理模式

（一）物业管理模式演进

1994 年由建设部公布的《城市新建住宅小区管理办法》作为我国第一个关于物业管理的部门规章，开启了物业管理制度推广之路，其主要形式是由业主与物业管理公司签订物业管理合同。在由管理服务公司负责管理之前，城市商品住宅小区的物业管理主要遵从“谁开发，谁管理”的原则。

早在《城市新建住宅小区管理办法》出台之前，1980 年，深圳市被设立为经济特区，由于较早进行住房体制改革，深圳的房地产开发事业蓬勃发展。1981 年，深圳市物业管理公司成立，借鉴和移植香港屋村的管理经验和模式对该公司开发的两个涉外商品房住宅区进行管理，打响了在全国开展物业管理的第一枪。[①] 在推行物业管理的过程中，深圳市政府根据开发主体的不同对住宅区实行不同的管理模式。针对开发商采取“谁开发，谁管理”的要求，由政府负责开发的住宅区仍采取行政福利型的管理方式。1987 年，深圳市房产局正式提出对住宅区实行“谁受益，谁出钱”的管理原则，推行“有偿服务”的政策，并推广物业管理公司社会化、企业化、专业化的综合管理模式。1990 年，在莲花一村展开试点工作，推行一体化管理模式，探索“综合管理，全方位服务”的经验。1993 年，在莲花北村引入市场竞争机制，实行招投标选择物业管理公司的方式并获得成功。[②] 纵观深圳市对住宅小区的管理模式演进，可以看出，深圳市的物业管理实践在全国起到了领跑作用，为相关规范的出台奠定了实践基础。

1995 年北京市人民政府公布了《北京市居住小区物业管理办法》，其中第二条指出物业管理是：“居住小区的物业产权人、使用人委托物业管理企业对房屋及其设备以及相关的居住环境进行维护、修缮和服务的活动。”[③] 第一次赋予物业使用人可委托物业管理企业实施服务活动的权限，但在现行有效的《北京市物业管理办法》中，第二条将物业管理定义为：“本办法所称物业管理，是指业主自行或者通过他人对物业管理区域内的建筑物、构筑物及配套的设施设备和相关

---

① 杜志文.《深圳经济特区住宅区物业管理条例》诞生记［J］. 中国物业管理，2011（3）：48－49.

② 杜志文.《深圳经济特区住宅区物业管理条例》诞生记［J］. 中国物业管理，2011（3）：48－49.

③ 见《北京市居住小区物业管理办法》相关规定。

场地进行维修、养护、管理，维护环境卫生和相关秩序的活动。”① 将使用人去除在委托资格之外。此外，大部分地区也将物业管理的委托权仅限定在业主，不包括使用人。1998 年 7 月 3 日《国务院关于进一步深化城镇住房制度改革加快住房建设的通知》最早以国务院规范性文件形式提出实行业主自治，建立业主自治与物业管理相结合的物业管理模式，② 业主可以基于其建筑物区分所有权对自己的专有部分和共有部分进行自治管理，开启业主与物业管理合作之路。但是依实际而言，并不是所有的业主都有足够的时间和精力行使业主对共有部分享有的管理权利。③ 因此，第三方即物业服务企业代表业主管理物业，通过选聘签订物业服务合同的形式由其向业主提供物业服务的模式得到广泛认同与推广，在物业服务企业与业主之间形成民事法律关系。

表 3 – 9　物业管理模式之演进

发布时间	文件名称	意义
1994 年	城市新建住宅小区管理办法（已失效）	首次提出对住宅小区实行由物业管理公司统一实施的专业化管理，开启了物业管理制度推广之路，主要形式是通过业主与物业管理公司签订物业管理合同④
1995 年	北京市居住小区物业管理办法（已失效）	第一次赋予物业使用人可委托物业管理企业实施服务活动的权限
1998 年	国务院关于进一步深化城镇住房制度改革加快住房建设的通知	最早以国务院规范性文件形式提出实行业主自治，建立业主自治与物业管理相结合的物业管理模式

（二）物业管理模式的矛盾体现

即使在物业管理中以物业管理合同为载体赋予了物业服务企业对小区物业进行管理的权利，但关于物业服务企业与业主的纠纷仍然呈不断增长趋势。从总体上分析，小区物业管理问题中突出的问题，包括保安问题（19%）、物业管理费

① 北京市物业管理办法［DB/OL］. http：//www. pkulaw. cn/fulltext_ form. aspx? Db = lar&Gid = 17196303.

② 《通知》第二十五条指出：“加快改革现行的住房维修、管理体制，建立业主自治与物业管理企业专业管理相结合的社会化、专业化、市场化的物业管理体制。”

③ 程博澜. 论物业服务合同［J］. 长江大学学报（社会科学版），2012，35（1）：45 – 46.

④ 《城市新建住宅小区管理办法》第四条指出：“住宅小区应当逐步推行社会化、专业化的管理模式。由物业管理公司统一实施专业化管理。”第六条表示：“住宅小区应当成立住宅小区管理委员会（以下简称管委会）。”

用问题（17%）、交通与车位停放管理问题（17%）、物业占用小区业主共有财产资源收入问题（35%）。[1]

小区本是业主的小区，业主基于其物权对小区物业实行管理活动，但近年来，业主维权、集体上访、封堵道路、业主被打等事件经常见诸网络媒体和报端。[2]“针锋相对地辩论，面红耳赤地争吵，双方大打出手，撕破脸皮闹到法庭，这是目前大部分住宅小区的业主与物业公司关系的真实写照。”[3] 物业矛盾纠纷的实质在于：基于“共有和共同管理”的业主合法权益被侵害、被剥夺是产生物业服务矛盾纠纷的根本原因，矛盾的焦点集中在物业企业在进行管理过程中的侵权得利。基于物业的侵权行为，业主以停止缴纳物业费作为反抗手段，因此，这种欠费行为只是物业侵权行为的矛盾表现。此外，业主与物业服务企业之间的矛盾不仅存在于业主入住后自行选聘物业服务企业时，也存在于业主入住之前，建设单位与其选聘的物业服务企业达成的前期物业管理协议之中。在这两对关系中，建设单位与其选聘的物业服务企业之间形成的前期物业合同对业主形成了一种提供服务与接受服务的合同协议关系，这种前期物业管理以房产开发商对房屋的所有权为基础，对物业实施管理活动。这基于未经销售的物业的财产权仍然属于房产开发商。作为业主之一的房产开发商，同样是物业服务企业提供服务的对象。[4] 但当业主身份转移后，业主与其自身选聘的物业服务企业之间构成的是选聘与应聘的合同协议关系。不论是前期物业合同还是业主通过选聘与物业服务企业签订的物业服务合同，都对业主具有约束作用，都依附于业主物权，以业主共有的单幢建筑物和物业区域内的共用部位和共用设备、物业服务用房为经营场地和劳动载体，都是旨在为业主提供服务的组织而非制约业主的社会管理组织。

二、物业服务企业

综合法律条文来看，关于物业服务企业的变化主要集中在以下几个方面：

（一）从“物业管理企业”向“物业服务企业”的更名

一直以来，物业与业主之间摩擦不断，这很大程度上是因为物业和业主对自己的定位与双方之间的权责关系不甚明晰。将物业公司由“管理”变为“服务”后，物业公司明确了服务的职能定位，业主明确了自己的权利义务，双方关系的

① 陈幽泓，曹吉丁，孙紫岚．北京物业小区调查报告（一）［J］．现代物业，2009（1）：46－51.

② 唐娟．共有、共享、共治：城市住宅小区和谐治理的实践与理论探讨［M］．北京：中国社会出版社，2009：8.

③ 夏建中．中国城市社区治理结构研究［M］．北京：中国人民大学出版社，2012：205.

④ 冯俊．物业管理中若干法律关系的思考［J］．法学杂志，2003，24（6）：17－19.

处理也就有了明确的法律指导。[①] 2007年3月通过的《中华人民共和国物权法》中将“物业管理企业”称为“物业服务企业”，这一名称的变化立即引起了社会各界的广泛关注。2007年8月26日通过的《国务院关于修改〈物业管理条例〉的决定》，也在条文中将“物业管理企业”更名为“物业服务企业”。这一转变明确了物业服务企业的定位，即物业服务企业在进行物业管理活动时，应立足于“服务”而不是“管理”。物业管理经济活动作为新的经济活动形式，其产生的基本动力是源于业主对物业服务的需求，[②] 进而才产生了物业服务企业对公共部分、公共设施、公共环境实施的“管理”活动，是业主的服务需求与物业服务企业提供服务的结合。由此可见，物业服务企业管理权的行使是以业主的聘请为前提，依托业主的财产权而存在。

（二）取消对物业服务企业的资质认定

在2004年建设部公布的《物业管理企业资质管理办法》中，要求对物业服务企业进行分等级的资质认定：“物业管理企业应当按照办法规定申请企业资质等级评定。未经主管部门进行资质评定并取得资质证书的，不得从事物业管理业务。物业管理企业划分为一级、二级、三级和临时资质。”通过资质管理对物业服务企业实行市场准入，以此推动物业管理市场秩序的稳定和健康发展。但是《物业管理企业资质管理办法》很快就被2007年建设部公布的《建设部关于修改〈物业管理企业资质管理办法〉的决定》修改为《物业服务企业资质管理办法》，同时取消了对物业服务企业的年检，要求通过制定物业服务标准规范、建立黑名单制度、信息公开、推动行业自律等方式，加强对物业服务企业的事中事后监管。之后，在《物业管理条例（2016修订）》中，删除了第三十三条与第六十一条中对从事物业管理人员的资质限定。[③] 可见，我国对物业服务企业的监管方式发生了转变，放宽了对物业服务企业从业人员的资质限定，并且取消了对物业服务企业因聘用无从业资格证书的人员而承担的经济责任。这些都体现了政府对物业服务企业的管理随着市场发展，将物业服务企业的信誉责任等转向由市场评判，减少对其的行政干预。

---

① 高智勇．新物管条例［J］．房地产导刊，2008（1）：51－51.

② 张中．物业服务企业要贯彻“以人为本”的服务理念［J］．企业家天地下半月刊（理论版），2009（8）：68－68.

③ 2016年修订的《物业管理条例》删除了第三十三条“从事物业管理的人员应当按照国家有关规定，取得职业资格证书”与第六十一条“违反本条例的规定，物业服务企业聘用未取得物业管理职业资格证书的人员从事物业管理活动的，由县级以上地方人民政府房地产行政主管部门责令停止违法行为，处5万元以上20万元以下的罚款；给业主造成损失的，依法承担赔偿责任”。

（三）建立健全社区党组织对物业管理的监督指导，建立物业管理的联动机制

2017 年 6 月由中共中央、国务院发布的《关于加强和完善城乡社区治理的意见》将改进社区物业服务管理作为城乡社区治理的五大短板之一，提出“要实施社区党组织以及居委会的监督指导作用，其次，还要建立社区党组织、社区居委会、业主委员会、物业服务企业的四方议事协调机制，探索在社区居民委员会下设环境和物业管理委员会，督促物业服务企业履行职责”。紧接着，在 2017 年 12 月由住房和城乡建设部办公厅发布的《关于做好取消物业服务企业资质核定相关工作的通知》第一条中也明确提出“各地不再受理物业服务企业资质核定申请和资质变更、更换、补证申请，不得以任何方式要求将原核定的物业服务企业资质作为承接物业管理业务的条件”。[①] 取消了对物业服务企业的准入门槛，提出对物业服务企业实行属地管理，通过健全社区党组织，加强对物业服务企业的监管。武汉市也将“红色物业”写入立法。综上所述，我国对物业服务企业的监督管理主要倾向于将其纳入社区治理体系当中，在社区居委会下设物业管理委员会，通过社区党组织实现对物业服务企业的监督和管理。

三、业主自治

《宪法》作为我国的根本大法，是其他机关制定下位法的根本准则，《宪法》的规定为业主自治提供了重要的法理基础。《宪法》第十三条指出：“国家保护公民的合法的收入、储蓄、房屋和其他合法财产的所有权。国家依照法律规定保护公民的私有财产的继承权。”因此，业主的建筑物所有权自然也在国家《宪法》的保护之列，构成业主自治权利的根本法律基础。作为住宅小区主要组成人员的业主，基于建筑物区分所有权，除了对其房产拥有基本的专有所有权外，还有对共有部分的权利（共有权）和共同管理权[②]（成员权）。业主正是基于以上权利对住宅小区进行业主自治，构成城市商品房住宅小区治理的关键要素。

（一）业主自治法律变迁

实践先于理论。深圳不仅仅是全国最早开发商品房和推行物业管理的城市，

---

① 见《住房和城乡建设部办公厅关于做好取消物业服务企业资质核定相关工作的通知》（2017 年 12 月）。

② 孟宪生在《业主的共同管理权浅析》（https：//m. bbs. focus. cn/bj/23132/61a5ddc8b6847af4. html，业联法律顾问网，2010 年 5 月 11 日）一文中强调，“共同管理权的核心是成员权”，即“业主作为整栋建筑物所有人团体成员之一所享有的权利。对整栋建筑物的所有权而言，实际上是一种特殊的按份共有，每个业主都按其份额对专用部分享有专有权，对共用部分有共同共有或者按份共有。业主之间本质上是共有关系。”

也是最早成立业主自治组织、建立业主自治制度的城市。在业主自治还未在法律法规中出现时，深圳市作为小区自治的领头羊已经开始行动。自 1981 年成立全国第一家物业管理企业之后，1991 年深圳市罗湖区万科天景花园业主委员会成立，① 由此，中国内地第一个业主委员会——天景花园业主委员会诞生，从而开启了业主自治与专业服务相结合的物业管理新时代。②

直到 1994 年，由建设部颁布的《城市新建住宅小区管理办法》第六条才首次提出："住宅小区应当成立住宅小区管理委员会（以下简称管委会）。" 管委会在房地产行政主管部门指导下，由住宅小区内房地产产权人和使用人选举的代表组成，代表和维护住宅小区内房地产产权人和使用人的合法权益。1994 年 7 月由深圳市人民代表大会颁布的《深圳经济特区住宅区物业管理条例》第四条指出"住宅区物业管理实行业主自治与专业服务相结合"，以地方法规形式明确了在住宅区物业管理实行业主自治与专业服务相结合的物业管理模式，将天景花园开创的"业主自治与专业服务相结合"的共管模式正式纳入其中，从此，业主委员会这一创新的社区组织模式在全国推广开来，③ 从而积极发挥业主作为所有权人的作用。1997 年由建设部颁布实施的《建设部关于加强公有住房售后维修养护管理工作的通知》中再次以部门规章的形式提出"公房出售后，应推行社会化、专业化的管理模式，实行业主自治管理与物业管理企业专业化管理相结合"，将深圳模式在全国进行推广。接着 1997 年上海市人民代表大会颁布的《上海市居住物业管理条例》第四条中也明确指出："物业管理实行业主自治管理与委托物业管理企业专业管理服务相结合的原则。" 1998 年国务院《关于进一步深化城镇住房制度改革加快住房建设的通知》指出："加快改革现行的住房维修、管理体制，建立业主自治与物业管理企业专业管理相结合的社会化、专业化、市场化的物业管理体制。" 2001 年河南省人民代表大会通过了《河南省物业管理条例》，第四条也同样指出："物业管理实行政府行政主管部门监督、业主自治与物业管理企业专业服务相结合的体制。鼓励物业管理向社会化、专业化、市场化方向发展。" 之后，各省相继出台的物业管理条例也都明确了物业管理的社会化、专业化和市场化的发展方向，推动业主自治与物业管理相结合的物业管理模式。

---

① 1990 年，万科集团首个住宅项目——天景花园在深圳落成，共有 190 套住宅，于 1990 年 8 月 18 日交付使用。由于小区环境规划理念超前，吸引了一批素质较高的业主。但在当时，对于正处于发展探索期的物业管理行业，还存在很多不健全之处，比如，缺少法律法规的指导、规范，管理上的无序、混乱等。当时的天景花园也面临着同样的问题，然而正因为这些问题的显现，加上一群热心的高素质业主和一家以"全心全意全为您"为服务理念的物业管理公司，成就了中国第一个业主委员会的诞生。通过查阅天景花园业主委员会成立之初的几次会议记录发现，业主委员会始终秉承"业主自治与专业服务相结合"的宗旨，从维护全体业主利益的角度出发，充分行使业主参与小区管理的权力，与万科物业一起共同促进了小区居住环境质量的提高。

② 向云．中国内地第一个业主委员会诞生始末［J］．中国物业管理，2011（5）：17－19.

③ 向云．中国内地第一个业主委员会诞生始末［J］．中国物业管理，2011（5）：17－19.

表 3－10 业主自治法律变迁

发布时间	文件名称	意义
1994 年	城市新建住宅小区管理办法（已失效）	第六条首次提出："住宅小区应当成立住宅小区管理委员会。"
1994 年	深圳经济特区住宅区物业管理条例（已失效）	以地方法规形式明确了实行业主自治与专业的服务相结合的物业管理模式，将业主自治与专业服务相结合的共管模式进行推广
1997 年	建设部关于加强公有住房售后维修养护管理工作的通知（已失效）	再次以部门规章的形式提出："公房出售后，应推行社会化、专业化的管理模式，实行业主自治管理与物业管理企业专业化管理相结合。"①
1997 年	上海市居住物业管理条例	第四条指出："物业管理实行业主自治管理与委托物业管理企业专业管理服务相结合的原则。"
1998 年	国务院关于进一步深化城镇住房制度改革加快住房建设的通知	最早以国务院规范性文件形式提出实行业主自治，建立业主自治与物业管理相结合的物业管理模式
2001 年	河南省物业管理条例	第四条指出："物业管理实行政府行政主管部门监督、业主自治与物业管理企业专业服务相结合的体制。鼓励物业管理向社会化、专业化、市场化方向发展。"

（二）业主大会与业主委员会

在同一城市的商品房住宅小区内，由于业主构成和意见表达具有多样性，因此需要一个业主自治机构对业主意见进行统一，以这一机构为代表进行自治权利的行使，促进自治权利的行使和落实，业主大会和业主委员会应运而生。

业主自治共同体具有法律基础。1994 年建设部颁布的《城市新建住宅小区

① 建设部《关于加强公有住房售后维修养护管理》工作的通知中第三条指出："公房出售后，应推行社会化、专业化的管理模式，实行业主自治管理与物业管理企业专业化管理相结合，按照建设部第 33 号令《城市新建住宅小区管理办法》的原则规定实施管理。"其中，在建设部第 33 号令《城市新建住宅小区管理办法》中，第四条规定："住宅小区应当逐步推行社会化、专业化的管理模式。由物业管理公司统一实施专业化管理。"

管理办法》开创了从法律上肯定成立“住宅小区管理委员会”的先河。[①] 在此之后，上海市、深圳市、广东省等相继出台的相关物业管理条例都提出“业主通过业主大会或者业主代表大会和业主委员会对物业实施自治管理”。2003 年，全国性的《物业管理条例》出台，第一次明确提出同一物业管理区域内的业主应当成立业主大会，业主大会应当代表和维护同一物业管理区域内全体业主的合法权益，且业主行为受业主大会和业主委员会决定的约束。例如，《物业管理条例》第八条指出：“物业管理区域内全体业主组成业主大会。业主大会应当代表和维护物业管理区域内全体业主在物业管理活动中的合法权益。”以及第十条指出：“同一个物业管理区域内的业主，应当在物业所在地的区、县人民政府房地产行政主管部门的指导下成立业主大会，并选举产生业主委员会。但是，只有一个业主的，或者业主人数较少且经全体业主一致同意，决定不成立业主大会的，由业主共同履行业主大会、业主委员会职责。业主在首次业主大会会议上的投票权，根据业主拥有物业的建筑面积、住宅套数等因素确定。具体办法由省、自治区、直辖市制定。”以行政法规的形式对业主大会的成立进行了肯定。之后，我国于 2007 年出台的《物权法》第七十五条[②]，以及 2009 年住房和城乡建设部印发《业主大会和业主委员会指导规则》的通知指出“业主大会由物业管理区域内的全体业主组成，代表和维护物业管理区域内全体业主在物业管理活动中的合法权利，履行相应的义务”，规定了业主委员会由业主大会依法选举产生，执行业主大会决定的事项，并接受业主的监督，规范业主、业主大会以及业主委员会之间的权利义务关系。

《物权法》出台后，各地方对物业管理的相关法律法规也进行了相应的更改。主要集中在对物业管理企业的更名上。我国《物业管理条例》也相继在 2007 年和 2016 年进行了两次修改。第一次修改主要集中于对业主权利的维护，保障业主作为住宅所有权人对小区治理的参与权、知情权、监督权和申辩权等，并对有关业主大会以及业主委员会的权责进行了界定。在业主大会成立时的政府指导部门方面，加入了街道办事处和乡镇人民政府。[③] 就业主的参与性而言，首先，在用词方面，“业主大会履行职责”修改为“业主共同决定”，这一用语的变化，突出了业主的共同参与性。其次，对第十二条就参与业主大会会议的业主

---

① 杨玉圣．小区善治研究［M］．北京：社会科学文献出版社，2014.

② 《中华人民共和国物权法》第七十五条指出：“业主可以设立业主大会，选举业主委员会。地方人民政府有关部门应当对设立业主大会和选举业主委员会给予指导和协助。”

③ 2007 年《物业管理条例》将第十条第一款修改为：“同一个物业管理区域内的业主，应当在物业所在地的区、县人民政府房地产行政主管部门或者街道办事处、乡镇人民政府的指导下成立业主大会，并选举产生业主委员会。但是，只有一个业主的，或者业主人数较少且经全体业主一致同意，决定不成立业主大会的，由业主共同履行业主大会、业主委员会职责。”同时删除第十条第二款：“业主在首次业主大会会议上的投票权，根据业主拥有物业的建筑面积、住宅套数等因素确定。具体办法由省、自治区、直辖市制定。”

人数进行了修改，由“持有 1/2 以上投票权的业主”修改为“应当有物业管理区域内专有部分占建筑物总面积过半数的业主且占总人数过半数的业主参加”，实行面积和人数相结合的业主大会会议开展门槛，保证参与业主大会人员的广泛性。同时，对于决策上的投票比例也进行了相应的修改。出于对业主利益的维护，修改后的《物业管理条例》第十二条规定：“选聘和解聘物业服务企业，只要经专有部分占建筑物总面积过半数的业主且占总人数过半的业主同意即可。”由 2/3 调整为 1/2 的比例，这更加体现了在小区治理中，业主对物业服务企业的选择自由度，以及对更换有损业主利益或服务不到位的物业服务企业的便利性。而对于成为业主之间以及参与小区治理的主体之间矛盾焦点的“专项维修基金”以及“对建筑物及其附属设施的改建与重建”的决策权则规定更为严谨和规范。《物业管理条例》规定了要经专有部分占建筑物总面积 2/3 以上的业主且占总人数 2/3 以上的业主同意后，方可对其进行修改。此外，在第十二条中还对业主大会会议的相关规定进行了修改，以往，一旦会议具体决定通过业主委员会或者业主大会，业主就没有权利改变。修改后的条文，赋予了被侵害权益的业主获得司法救济的权利。业主可以以个人名义就业主大会或业主委员会作出的侵权决定提请人民法院予以撤销。从而保护业主用司法救济解决个人的合法权益，赋予业主个人与小区自治组织之间解决矛盾的渠道。可以看出，从法律层面的《物权法》到行政法规的《物业管理条例》再到《业主大会和业主委员会指导规则》都为作为业主自治共同体的业主大会和业主委员会的成立和自治提供了框架和法律基础，有利于业主通过自治的方式和民主的程序来参与小区的管理，为业主们提供通过民主程序管理自己事务的渠道。

（三）业主自治组织的法律定位

我国在法律法规上为成立业主自治机构提供了法律基础。在实践中，业主自治组织成立后，其法律地位以及与其他参与小区治理的主体之间的权利义务关系的界定，直接关系到业主自治组织行为是否有效、行为是否具有法律后果以及是否具有承担责任的主体资格，这都与其能否真正行使物业管理权利相挂钩。综合而言，世界各地对业主自治机构的法律地位定位在立法上主要有三种：法人式、非法人式和折中式。① 法人式即赋予业主自治机构法人资格，可以对外行使法律行为并且承担相应责任，如法国、新加坡和中国香港等；非法人式以德国和中国台湾地区为代表，主要是指业主自治组织仅仅作为一个住宅所有权人的共同体存在，不具备权利能力，因而不具备法人资格，且该共同体的形成并非法律强制成立，而由住宅所有权人通过契约予以确定；② 折中式主要是根据人数的多少来确

① 刘兴桂，刘文清．物业服务合同主体研究［J］．法商研究，2004（3）：101－108.
② 陈华彬．现代建筑物区分所有权制度研究［M］．北京：法律出版社，1995：236.

定该组织或团体是否能够拥有法人资格。根据现行法律，我国的《物权法》《物业管理条例》以及《业主大会和主业员委会指导规则》都涉及业主大会和业主委员会的相关内容。但是总体来看，对于业主大会和业主委员会的法人主体资格处于模糊状态，并没有从法律上赋予其独立的民事主体地位。

业主大会的法律地位界定。2003 年的《物业管理条例》第十一条关于业主大会履行职责中包含了“选聘和解聘物业服务企业”，这一条款表明业主大会已可以作为一个民事权利主体，与其他主体进行市场交易行为，履行相应的职责。但是，该条款只是说明业主大会应该履行的职责，而非权利所在，有学者认为这样的履行职责也是对业主大会权利主体地位的一种回避。同年出台的《业主大会规程》第三十六条还规定业主大会可以按规定刻制、使用印章，使业主大会又同时具有组织的特征。[①] 之后，《物权法》第八十三条规定：“业主应当遵守法律、法规以及管理规约。业主大会和业主委员会，对任意弃置垃圾、排放污染物或者噪声、违反规定饲养动物、违章搭建、侵占通道、拒付物业费等损害他人合法权益的行为，有权依照法律、法规以及管理规约，要求行为人停止侵害、消除危险、排除妨害、赔偿损失。业主对侵害自己合法权益的行为，可以依法向人民法院提出诉讼。”据此，也有观点认为，这一规定似乎说明业主大会已经在特定情形下具备了诉讼主体资格。[②] 2009 年住房和城乡建设部颁发的《业主大会和业主委员会指导规则》也再次对业主大会和业主委员会印章进行了许可。其中，第三十四条指出：“业主委员会办理备案手续后，可持备案证明向公安机关申请刻制业主大会印章和业主委员会印章。”对于印章的许可，似乎也说明业主大会和业主委员会具有了组织的特征。但是，修订后的《物业管理条例》第十一条又将业主大会履行职责修改为“业主共同决定”，更加突出了业主作为所有权人的权利，而又进一步将业主大会的法人主体资格模糊化。总体来看，我国的物业管理相关法律法规并未对业主大会的法人主体资格进行界定，仅仅将业主大会作为一种会议形式以及管理和决策机构。

业主委员会的法律定位。业主委员会这一称谓最初见于 1998 年建设部和财政部发布的《住宅共用部位共用设施设备维修基金管理办法》。最终在 2003 年国务院颁发的《物业管理条例》正式确定了“业主管委会”一词，[③] 且规定了业主委员会是由业主大会选举产生，作为业主大会的执行机构，代业主大会表达全体业主的意志，经业主大会授权才可实施对共有物的管理和处分活动，但是另一方面，法律又授予了业主委员会与物业服务企业签订民事合同的行为能力。《物业管理条例》第十六条还指出：“业主委员会应当自选举产生之日起 30 日内，向物业所在地的区、县人民政府房地产行政主管部门和街道办事处、乡镇人民政府备

① 韩增辉，周珂．物业管理中的业主自治机构法律性质浅析［J］．法学杂志，2005（3）：65－67.

② 李旻．构建业主自治团体的几点思考［D］．上海：复旦大学，2011.

③ 杨玉圣．论业主自治与小区善治［J］．清华大学学报（哲学社会科学版），2010，25（3）：28－31.

案。”这一条文旨在说明对业主委员会实行备案制来进行管理，又似乎在肯定业主委员会的主体资格，但是在法律条文中没有条款要求对作为意见表达机构的业主大会进行备案，这些都给业主大会和业主委员会之间的关系带来了一些模糊性。此外，纵览相关法律条文的变迁，这种模糊性还体现在小区治理过程中对业主权利的保护，以及业主大会决策权、业主委员会负责执行和政府负责监管的回归。

第三节　小区治理的法律变迁特征

在缺乏合理完善的制度对重组的社区关系进行约定的情境下，不同利益群体或组织之间的权力和利益博弈必然陷入无序的状态。[①] 这种无序体现在随着商品房的出售，业主的数量逐渐增多，更多人通过货币形式实现了对房屋的所有权，获得了不同于一般公民权的业主权利。在这种形势下，成员构成的复杂性、商品房相关主体的多元性、公共事务的多样性都对小区治理提出挑战。在一些住房体制改革较早的城市，如深圳、广州、上海等，房地产开发商、物业服务企业、业主以及政府部门等相关主体之间发生的纠纷也呈现增长趋势。因此，围绕商品房相关主体之间基于《物权法》及其所确立的业主的建筑物区分所有权[②]之上的法律关系，形成了一系列城市商品房住宅小区的制度安排，旨在规范相关主体之间的权利义务关系，明晰各主体的权利边界，为推行业主自治奠定法律基础。综合法律规范可以看出围绕我国小区治理的法律主要有以下几个特征：

一、小区治理多元性

小区治理的多元性不仅体现在参与主体的多元性——既包括小区住房的所有者（业主）也包括业主组建的业主大会、房屋买卖行为下的房地产开发商、通过聘用行为参与其中的物业服务企业以及房屋使用权和所有权分离下的房屋使用人等，还体现在多元主体参与下的小区治理法律规范的多元化。

小区治理是一个多元主体参与的过程，在这种背景下，必然会产生多重权利义务关系，在法律变迁中体现出一种多元性的特征。小区治理的多元性体现在治理主体的多元性所带来的法律关系的多元性。在小区治理中，业主、物业服务企业、业主大会、业主委员会以及政府相关部门均是围绕着小区治理产生的相关主体。在这些主体之间又相互构成了民商与行政等法律关系，因而在不同主体之间形成了相互制约与监督行为。随着在小区治理中多重矛盾的爆发，越来越多的法

---

① 曾鹏．社区网络与集体行动［M］．北京：社会科学文献出版社，2008：39－40.

② 《中华人民共和国物权法》第七十条将建筑物区分所有权定义为：“业主对建筑物内的住宅、经营性用房等专有部分享有所有权，对专有部分以外的共有部分享有共有和共同管理的权利。”

律关系被催生。其中，既包括了业主与业主之间、业主和物业使用人之间产生的围绕物业产权（业主物权）的各种关系，还包括了业主与业主大会、业主委员会之间的管理和协作的关系等，这些都构成了小区治理过程中的民事法律关系。还有基于房屋买卖行为以及物业聘用行为所产生的业主与房产开发商之间的合同关系以及在业主、业主管理团体与物业服务企业之间的合同关系，这些属于经济法律关系同样具有法律效力。此外，在业主、业主管理团体（业主委员会）与行政机关之间围绕小区治理也会形成行政法律关系等。这些法律关系都形成小区治理过程中涉及主体的多样性，因此，调整对象的多元性形成了不同主体相互之间的社会关系以及法律关系的多元化。

二、法律制定模糊性

小区治理的关键在于实现业主自治，业主将自身权利通过委托代理赋予业主委员会来执行其意志，维护其自身的利益。以业主委员会的法律定位为例，我国大部分小区尚未建立起业主委员会这一自治团体组织，并且，无论是在学界还是国家法律层面，对于业主委员会的法律地位的界定，学界处于争论阶段，各地区的法律条文也尚未达成统一规定。因此，在法律制定方面，必然会带来“百家争鸣、百花齐放”的局面。业主大会与业主委员会的法人地位在法律中处于模糊地带，缺乏对业主大会运行规范与业主委员会执行职能的明确界定。在实践中却屡屡出现其具有法人资格的表征行为，法律上的模糊性也引发了理论与实践的矛盾性。

小区共有部分（停车场、绿地、公共维修基金等）是小区容易引起矛盾的焦点问题，然而，就法律变迁而言，对这部分的规定仍处于模糊状态，对产权的明晰、共有部分所产生收益的分配以及公共维修基金的使用等都没有明确的规定。这不仅仅是法律的空白，同样也体现出我国在小区治理中的多重诉求。小区作为新兴住宅商品房反映了经济发展的需要，满足了国家经济增长的需求，同时，又需要对经济过度增长所带来的各种矛盾关系进行解决，因而造就了一种模糊性的法律，使得在不造成经济衰退的情况下推行小区治理，从而实现共有部分收益的共有化。同样，在法律中对业主大会决策权和业主委员会执行权的赋予，实质上是一种社会权利的归还，但是，这种通过法律赋权的幅度远没有国家期望通过自治组织进行小区治理的愿景大，国家期望与法律赋权之间因此形成了沟壑。最新出台的《中共中央国务院关于加强和改善城乡社区治理的意见》也为街道办对小区自治主体治理活动的指导提供了法理支撑。这表明，在小区治理中，国家基于多重诉求的理性选择，即在保证小区治理多元参与的前提下，不放松国家的监管职能。可见，这种模糊性不仅仅是法律的一种空白，更是一种意志和需求的体现。

在法律本身的出台上来看，政策先行、实践先行以及矛盾催化无疑构成了小区治理法律变迁的又一特征。深圳市的实践率先引领了小区治理的朝向，最早出台的小区治理重要法律是2003年的《物业管理条例》，它初次明确了在小区治理中关于物业管理的相关内容，且很多关于小区治理的重要法律都还停留在规范性文件的法阶上。小区治理的法律法规从全貌而言，从全国到地方都已经比较完善，但是，仍然在容易引起争议的焦点问题上存在模糊性以及利益主体多元性的特点。小区治理的多元性和复杂性表明，其并不能一步到位，在夹缝中生存的业主大会和业主委员会也同样需要在自治的长河中逐步发展。

第四章　小区治理创新探索的典型案例分析

本章将小区治理矛盾最突出的问题进行排序整理与层层剖析，通过案例介绍与经验分析，尝试给其他存在类似问题的小区提供启发性建议。目前城市发展速度加快，小区管理与发展所出现的问题也越来越集中，越来越复杂。以问题为线索，对比其他成功解决主要纠纷的小区，基于客观事实找出可操作并且可复制与借鉴的解决机制和方法，能够最大化地维护小区业主的利益，促进小区治理朝着更加有序、和谐、可预见的方向发展。

以问题为导向，案例首先从小区治理较为基本的业主自治组织——业主委员会的筹备和运行中所遇到的难点与痛点说起，再聚焦近年来小区物业矛盾的多发区，对国内小区相关典型问题进行介绍、剖析以及整理，最后通过介绍国外小区的先进治理经验，以期为中国现行小区治理提供方向性与工具性的指导经验，促进小区物业管理与服务水平多层次地改善与提高。

第一节　明珠园小区业主委员会诞生记①

一、业主委员会成立过程步履艰难

明珠园小区是一个拥有 3 000 多户业主的大规模小区。据了解，负责明珠园小区的物业公司属于房产开发商。由于小区在 2002 年第一期交付使用的时候还有许多房子没有交付，而当时的法律法规并没有对分期交付的小区是否应该成立业主委员会作出具体的说明。故区政府房管局就根据其他相关的文件来让明珠园小区的首批住户成立临时业主委员会。

随着时间的推移，小区房子的交付率越来越高。许多热心的业主也开始商量着筹办业主委员会。经过半年的筹备，2007 年临时业主委员会成立。在成立初期，临时业主委员会试图与物业公司召开正式的会议，希望就物业服务的具体事项跟物业公司签订正式的合同。但是业主委员会这一被法律赋予的监督物业的权

① 王森．小区业主自治困境的原因分析及善治途径［D］．上海：复旦大学，2011.

力却遭到了物业公司的拒绝。首要原因是物业公司认为临时业主委员会不等同于正式的业主委员会，所以临时业主委员会没有权力监管物业管理的相关事项。其次物业公司对业主委员会的作用与功能重视不够，甚至试图压制临时业主委员会的权力来使临时业主委员会的委员们知难而退。“我们和你们（临时业主委员会）是谈谈天，喝喝茶的。”物业公司对临时业主委员会的态度还没有提高到法律的层面，而且为了干扰临时业主委员会的工作和遏制临时业主委员会的发展，房产开发商的高层还威胁临时业主委员会的委员们撤回与政府房产局的约谈，并且派人来干扰委员们的正常生活。

为了阻止这帮热心小区事务的临时委员们行使正式委员的权力，房产开发商和物业公司软硬兼施，先是用利益来拉拢委员，并且许诺给委员们每人一个地下停车位和免缴物业服务费等好处。但是此番策略不奏效后，他们又开始干扰临时业主委员会的工作，如撕毁临时业主委员会张贴在小区墙上的公告和通知，对于在业主委员会工作范畴内的临时物业事项有所懈怠，而且专门派人来销毁临时业主委员会的委员们投递到小区业主信箱中的述职报告。这既是有目的地妨碍临时业主委员会的委员们履职，使他们的工作开展困难重重，又是变相给临时业主委员会的委员们施加工作与生活的压力，以图他们知难而退。同时，也是给其他有意参选业主委员会委员的业主一个消极预期，阻止业主委员会的正式成立。

委员们认识到，只有法律意义上的正式业主委员会才能够真正积极开展业主委员会的工作，才能够依照法律所规定的权利和义务来为小区业主服务，维护好业主的权益。所以从 2008 年起，临时业主委员会的委员们积极向所在街道办报告和申请成立正式业主委员会。经过数月的交流、协商以及组织，业主大会的筹备工作正式启动，这标志着正式业主委员会的成立工作也提上了议事日程。

但是即使业主委员会的成立在某种程度上得到了政府的认可和支持，正式委员的选举过程也是历尽艰辛。为了争夺业主代表的席位，物业公司和房产开发商充分发挥了自身的组织优势，积极调动人力、物力，组织了一个 200 多人的拉票团队，企图拉拢和说服小区的业主为物业公司所指定的几位代表进行投票。同时物业公司员工还被依次分配了拉票任务，他们通过各种方式拦截小区业主来为指定的业主代表投票。但是和物业公司相比，临时业主委员会的委员在小区居民中更有影响力，在开票后，业主大会筹备组的委员都是原临时业主委员会的委员。物业公司和房产开发商意识到选举结果对他们不利，又采取了一系列的措施来阻止选举结果的公开。房产开发商负责人赶到居委会宣称如果他们的意见无法被纳入正式业主委员会的成立当中，就会放弃对明珠园小区所预先承诺的资金支持；除此之外，物业公司的副总经理还专门上门对得票数最高的业主进行人身骚扰，企图通过非正式方式来实现物业公司的目的。

在各方博弈下，临时业主委员会的委员们被迫妥协。指导业主委员会成立工作的居委会也和委员们交流商定，让房产开发商和物业公司所指定的 2 名业主进入正式业主委员会当中。到2008年11月，业主大会筹备组的成员敲定，由7个代表组成，其中代表业主利益方3人，代表房产开发商利益方3人（其中指定的业主代表2人，房产开发商代表1人），居委会代表1人。

业主大会筹备组成立之后的工作也是步履维艰。房产开发商利用自身资源优势与政府进行对话，企图给政府施压，在组织层面上干扰业主委员会筹备组的工作。同时他们也动员小区内部的业主，利用某些业主容易上当受骗的特质来占据信息掌握的制高点，并施与某些业主小恩小惠，让部分业主对抗筹备组的工作，使得筹备组在小区场域内开展工作寸步难行。后来，代表业主利益方的委员们一方面做好与居委会的工作，让居委会能够积极地以居委会的名义发布公告；另一方面又积极发动业主，向业主们传递客观而且真实的信息，让更多的业主了解到业主委员会的实质性工作。双管齐下，又进一步推动了业主委员会的正式成立。后来关于选举办法，业主代表和房产开发商也产生了许多矛盾。在区政府相关部门和居委会的要求下，间接选举最终代替直接选举，即由全体业主对候选人进行投票最终产生业主委员会委员。直至2010年，业主委员会委员正式选举，代表业主利益方的委员代表获得胜利，争取到委员会委员的多数席位。这也标志着准备和筹集工作达4年多的业主委员会终于正式成立。

二、业主委员会成立背景分析

与近几年房地产市场的火爆发展相伴而生的是大量小区物业纠纷。在关于房屋的纠纷与矛盾中，业主通常有极强的动机和动力去维护自己的权益。然而相对于房产开发商而言，业主在人员的管理安排以及各项资源的组织动员方面，既缺少专业素质，又处于各类信息极度缺乏的弱势地位。在此背景下，业主委员会应运而生。业主委员会是在法律与具体实践中受到官方认可的主体，能够以业主群体的名义来进行小区事务管理并且同其他主体进行协商交流与有效谈判，作为一种新兴的社区自治组织，它又承担着监管物业服务企业的工作与维护小区业主公共利益等职责。由于业主委员会的存在会对物业服务公司的服务水平起一定的监督和制约作用，而且小区业主能够有一个集体平台来诉诸其权利，所以对于物业服务公司而言，业主委员会的成立在一定的程度上会倒逼其提高物业服务水平以及对其形成有效的实质性制约。

《物业管理条例》规定："各住宅小区的业主委员会是小区决策机构业主大会的执行机构，负责代表业主进行小区物业的管理并且积极维护业主的权益。"作为一种新兴的业主自治组织，业主委员会难以启动成了业主自治的首要问题。在现实生活中，各小区虽然物业矛盾频发，但是业主委员会的成立既缺少政府部门的组织领导，又在执行的主体上缺乏热心小区事务并且具有公平精神与专业能力进行管理的业主委员会委员。同时，房产开发商与物业公司的外部阻挠，也使得业主委员会成立的道路更加雪上加霜。张磊认为房产开发商以及其他利益集团等对业主权利的侵犯是导致业主委员会成立的内因，因为业主委员会的成立会在组织层面上能够同物业公司以及房产开发商等进行有效的谈判，能够在一定程度上遏制他们对业主权益侵犯行为的产生。[①] 外部阻力过大与内部动力不足，都是导致各小区的业主委员会难以成立的主要因素。

三、推动业主委员会成立的经验分析

明珠园小区正式成立业主委员会经历了一系列的波折。从一开始临时业主委员会的法定权力受到质疑，到筹备成立过程中受到物业公司和房产商的多重阻挠，再到在各个技术层面上筹备组代表结构与选举办法的妥协，都反映出成立业主委员会实属不易。在此案例当中，明珠园小区的物业公司和房产开发商千辛万苦地利用一切手段来阻止业主委员会的正式成立。

在矛盾激化和解决的每一个关键节点上，政府所起到的作用不容忽视。各类研究也表明，多元化理论在小区治理和物业管理议题中不可忽视。[②] 市场、社会以及政府之间不同逻辑行为的张力影响了小区的治理水平。[③] 以明珠园小区为例，临时业主委员会的成立需要有政府相关文件的支持和批准，平衡业主与物业公司的利益需要政府出面协商，确定选举办法需要政府的最终决定，组织筹备业主大会和成立业主委员会也需要政府相关部门以及居委会的统筹与协调安排。居委会在法律上被定义为“基层群众自治组织”，但是在具体的实践工作当中，居委会已经变为政府组织和指导基层工作的重要代理人之一。甚至在此次业主委员会成立过程中，斡旋的各方也懂得如果要达成目标，必须要借助政府的力量和利用可获得的资本来劝解政府，才能在整个博弈游戏中占据上风。不论是业主还是物业公司，他们都意识到某项决议最终仍需要政府拍板，在法律框架内尽可能地最大化、合理合法地表达自己的诉求，避免碰触到政府所能够容忍的底线，这才是可行之道。在此案例中，政府部门对于业主委员会设立方向上的把握以及细节方面的利益平衡起了关键作用。在现今中国，许多自治组织的初始运作都需要政府组织协调。此外，政府的牵头工作，能够帮助维持小区管理事务中的良好秩序，助推一个运行高效而且能够在实际工作中发挥作用的业主委员会的成立。所以在设立业主委员会这一决定上，政府的支持实质上推动了整个过程向前发展。

---

① 张磊．业主维权运动：产生原因及动员机制——对北京市几个小区个案的考查［J］．社会学研究，2005（6）：1－39，243.

② 邹家健．社区多元化治理模式研究——推动业委会向“小区服务中心”转型［C］．//和谐社区通讯2017年第1期（总第48期）．北京：北京市海淀和谐社区发展中心，2017：5.

③ 江立华，梁贤艳．娘家与亲家：城市居民小区良性治理关系的生成机制研究［J］．吉首大学学报（社会科学版），2018（1）：49－55.

除了依靠政府来推动某项决议往自身方向靠拢，临时业主委员会的热心委员们也依靠动员业主来获得内部支持。业主委员会本身代表业主来管理小区事务，但是由于大多数业主委员会委员都属于公益性岗位，所以很少有具强烈公益心和正义感的业主能够热心竞选委员，并且坚持不懈地为小区居民提供服务，解决居民内部及居民与物业公司之间的矛盾纠纷。本案例中的业主代表积极参与到小区公共事务的治理当中，最重要的是他们能够耐心而且热心地动员小区业主，从而获得大多数业主的支持，打下了小区内部的群众基础，在进行委员选举时业主代表才能够顺利获得大多数席位，这也是明珠园小区业主委员会最终能够顺利成立的原因之一。

第二节　电子投票系统——打造业主委员会选举新模式

一、小区业主委员会改选背景介绍

新天国际名苑小区位于深圳市福田区的香蜜湖豪宅片区，共有四百多户业主。2002 年小区刚刚建立时房价比周边的诸多小区都高，且环境优美，小区内部公共秩序良好。但是仅仅过了 12 年，小区内部的公共基础设施却已一片混乱。在业主委员会委员候选人致业主的公开信中提到，“电梯、通信、监控等设备失修事故频发，出入口门禁时常损坏，安保监控形同虚设，环境卫生也不如人意。”①

在 2008 年到 2010 年间，新天国际名苑小区成功选举过业主委员会，但是之前选举出来的业主委员会所做的工作并不让人满意。使问题更难解决的是，该届业主委员会在任满之前，并没有履行其法定的职责提前组织召开下一届业主委员会的选举，而是以发布公告卸任的方式草草结束其任内工作。

二、业主委员会改选困难重重

深圳市各小区业主委员会的成立和委员选举都需要遵循“双过半”原则。据国务院《物业管理条例》规定，经专有部分占建筑物总面积过半数的业主且占总人数过半数的业主同意，才能够选举业主委员会委员或者更换业主委员会的委员。由于上届业主委员会到期，新天国际名苑小区需要重新选举业主委员会。

---

① 高档豪宅 12 岁“百废待兴”　新天国际名苑业委会诞生记［DB/OL］. http：//www. sznews. com/news/content/2015 －04/20/content_ 11479532_ 2. htm.

小区内的某些热心业主联合签名要求福田区香蜜湖街道办重新组织业主委员会的选举。由于联合签名的业主很快就到达了半数，所以业主候选人们都热心竞选，业主委员会的成立工作也简单了很多。2011 年，由香蜜湖街道办香蜜社区工作站牵头，召集热心业主加入筹备组，按照书面投票的方式，热心业主与管理处的保安一起逐家逐户地上业主家进行收票。当时筹备组的一个成员回忆："筹备组积极宣传，经常在小区广场树下、茶社开会，还开了现场会，请候选人一个个演讲竞选，场面极其热闹。"① 但是这看似小区业主们积极参与业主委员会选举的场面并没有促成委员会选举的成功，开票的时候投票人数少于小区业主户数的一半，所以业主委员会的重新选举计划付诸东流。

业主委员会重新选举"流产"后，曾经的热心业主们也逐渐安静下来。两年后，新天国际名苑小区部分业主由于停车规划问题，再次与物业管理公司发生矛盾，苦于此类小区的矛盾和纠纷没有一个集体代表来进行协调与发声，于是业主们提出要重新开始业主委员会的选举工作。业主委员会的第二次选举再次拉开了帷幕。

上次业主委员会选举没达到"双过半"，所以这次重新选举业主委员会的热心业主们特别谨慎。业主义工们在热烈呼吁小区业主进行投票和拉票的同时，也对总投票数做了一个预估。在 2014 年 6 月开票之前，统计出 400 多户业主中，有 380 户已经投票。但是开票的结果还是让筹备组的成员既吃惊又愤怒：投票箱中只有 190 多张票！投票箱每晚都放在管理处进行保管，但是为什么最终的出票结果跟预先调查差了这么多票？业主们向物业管理处提出要求查看监控录像，但是物业管理处声称摄像头已经坏了。"开票结果一出来，业主情绪都非常激动。有的业主当场报案，有的业主认为预估的票数和实际的投票数存在出入，应立即补充证据并且抓紧沟通。"② 在业主内部进行多次有效沟通之后，筹备组的意见获得了业主的支持，大家认识到，由于缺乏充足的证据，与其追究票数的丢失，还不如迅速召开业主大会，将书面投票改为电子投票，这样既能够有效真实地把控业主们的投票数量，又能够让业主在线上正确地反映意见和进行交流协商。

三、电子投票成功实践

虽然决定采用线上电子投票来替代实名投票，但是具体如何操作？筹备组一方面邀请深圳市住房和建设局的工作人员进行现场工作的具体辅导，一方面又派业主义工上门一一收集业主的姓名、身份证号、手机号码以及业主的门牌号，并

① 高档豪宅 12 岁"百废待兴"　新天国际名苑业委会诞生记［DB/OL］. http：//www. sznews. com/news/content/2015 －04/20/content_ 11479532_ 2. htm.

② 高档豪宅 12 岁"百废待兴"　新天国际名苑业委会诞生记［DB/OL］. http：//www. sznews. com/news/content/2015 －04/20/content_ 11479532_ 2. htm.

把这些信息一一输入线上投票电子系统中。同时，工作人员还把业主拉到微信群中，等到业主群的人数超过了业主总人数的90%的时候，业主们才开始投票。确定了具有候选人资格的9位业主，然后在小区里面进行了拉票宣传。“小区里贴出每人简介；微信群里贴出竞选海报，还播出了每人半分钟的竞选视频；9位候选人还用铜版纸印制了52页的《选举手册》，联合发布公开信和承诺书、提出竞选主张、建议业主至少9选7。”①

到了开票当天，电子投票系统成功地记录了投票的人数以及投票比例，显示已经符合“双过半”的标准，最终83%的业主参与选举，大部分业主使用电子投票，19位业主书面投票。以电子投票系统为媒介，在业主的踊跃参与下，新天国际名苑小区业主委员会得以选举成功。②

除了深圳市新天国际名苑小区采用电子投票系统成功进行业主委员会的换届选举外，2015年12月起，为了提高和促进小区业主对小区公共事务的参与度，深圳市住房和建设局上线运行“深圳市物业管理”微信公众号，以新天国际名苑小区为试点推动业主通过线上投票的方式来选举业主委员会、讨论小区议题以及管理小区的物业事项，行使主人翁的权利。接到试点实施细则以及具体通知后，新天国际名苑小区业主委员会马上组织小区业主绑定公众号，并使用该公众号对小区八项议题进行了投票表决。不同于重新选举业主委员会之前需要多个业主义工上门搜集业主的有效法定信息，保证投票的合法合理性与程序正当性，此微信投票系统后台与深圳市不动产登记数据绑定，业主只要输入相应的姓名、身份证号以及手机号码与验证码，后台数据就会自动地绑定验证，显示业主的不动产信息。所以，有了政府后台云端数据的权威支持，微信绑定的466户业主当中超过95%的业主使用微信投票，次日投票数就已经达到了法律规定的有效“双过半”，议题的投票全部生效。微信公众号系统除了作为线上投票的平台，还能为业主提供更加便捷的住房维修资金使用查询以及小区公告通知等信息。③ 这也表示深圳市住房和建设局所大力推行的微信投票系统得到了有效运用，以“互联网+”为代表的小区物业管理创新也得到了成功的实践。④

四、业主委员会成立“双过半”规则焦点分析

据了解，物业服务迅猛发展，成为矛盾的聚焦点，加上其他的配套措施以及

① 高档豪宅12岁“百废待兴” 新天国际名苑业委会诞生记［EB/OL］. http://www.sznews.com/news/content/2015-04/20/content_11479532_2.htm.

② 高档豪宅12岁“百废待兴” 新天国际名苑业委会诞生记［EB/OL］. http://www.sznews.com/news/content/2015-04/20/content_11479532_2.htm.

③ 李晓萍. 业主知情权的法律保护研究［D］. 广州：广东财经大学，2017.

④ 黄世超. “互联网+”：政府创新服务，行业正本归真——访深圳市物业专项维修资金管理中心副主任潘霞云［J］. 住宅与房地产，2016（Z1）：31-33.

相关制度相对滞后，如房产开发商和建筑工地所遗留的历史问题，业主维权意识增强但法律层面规定的滞后性问题，造成了深圳市物业管理市场存在着多类难题，比如业主委员会成立率过低、小区业主与物业管理公司矛盾多发等。[①] 就深圳各小区而言，业主若想要积极参与到小区公共事务的治理当中，必须使各种关于小区物业事项的相关决议符合“双过半”原则，否则只能被视作无效决议。

但是，关于“双过半”标准的制定与严格遵守同样也引起了广泛的讨论。以新天国际名苑小区业主委员会的重新选举为例，由于初期小区内业主的参与度不强、筹备组成员对投票数额的判断不当以及可能存在物业公司对书面投票的干扰等，选举投票数一直没能够“双过半”，小区也选不出业主委员会来代表业主对物业服务进行监督与管理。部分小区业主对小区内的公共事项参与度不高，在集体行动困境的支配下，“双过半”作为法律层面的技术要求，对于业主进行自治是一个较高的门槛。例如，小区如需使用维修资金，根据相关法律法规，必须经业主大会决议，而由于采用传统方式召开业主大会存在困难，因此有关维修资金的决议难以通过。[②] 但是，不管是对政府还是小区而言，若降低了“双过半”的门槛，某些企图操控小区物业管理的投机分子又会利用此规定来为自己谋利，根本做不到真正为小区管理出谋献策、维护业主应有的利益。

在此进退两难的前提下，以市或者是区为统计单位，尝试建立一个物业管理信息平台，将使业主和业主委员会感到为难的书面投票系统推广到线上，这既能够平衡业主的工作与对小区事务的自治管理，又能够有效避免某些投机分子以小博大。同时，服务集成信息管理系统能够把小区的各类物业管理事项放到阳光下，有效地遏制了业主委员会、物业公司潜在的权力滥用等问题，保护业主的权益，同时也能够维护物业市场的有序竞争与发展。

---

① 陈淑云．城市居住区物业管理与社区管理有效整合机制［J］．华中师范大学学报（人文社会科学版），2009，48（5）：49－55.

② 李秀瑜．“管家”当“大爷”，业主成“孙子”？［N］．深圳商报，2016－04－21（A09）.

第三节　南方花园小区的小区自治规则[①]

一、小区自治背景分析

南方花园小区位于四川成都市，是由四川中川国际房地产有限公司所承建的商品房小区，归成都市武侯区房管局管辖。

由于南方花园小区业主前期与物业公司矛盾频发，而且两者之间的矛盾没能得到真正的解决，所以大多数业主对小区的物业管理持消极和冷漠态度，对社区、政府和物业公司也失去了信心。同时，由于第一届业主委员会成立之后名存实亡，小区的业主们对成立新的业主委员会也只持观望态度。

但业主委员会作为联系小区业主和物业公司、社区之间的一座桥梁，缺失了业主委员会的小区自然不能够形成一股有效的合力来整合与解决业主和物业公司的矛盾。于是各类卫生、安全问题频发，虽然小区业主们不愿意再次参与到小区的公共事务治理当中，但是看到自己所居住的小区物业问题频发且又不能够置身事外时，这种矛盾丛生的状态肯定又是业主们不愿意看到的。

而在与物业公司连续博弈的过程中，业主们逐渐意识到自身才是小区的真正看护人。在第二次业主委员会成立之初，小区内部的热心业主积极响应参加。但因为前期业主委员会的运行状况不佳，而且业主们又怀疑物业公司与相关部门暗中操作业主委员会，所以有的业主并没有多大的反响。但是业主们因为不愿意错失发言权，在热心业主的动员与保证下，本着公开透明的原则，在房管局物管科的指导之下，业主委员会终于成功备案。

二、小区自治——议事规则的确立与确认

备案有一个非常重要的环节，就是《业主公约》和《业主大会议事规则》的通过，这既是业主委员会备案所应遵守的既定程序，又是规范小区业主行为和明确业主权利的权威保障。筹备组意识到，《业主公约》是一个很重要的文件，相当于物业小区的“宪法”。《业主公约》根据《居住物业管理条例》及国家相关法律规定，就所购住宅的使用、维修等事项进行订立。同时，《业主公约》对整个物业管理领域都有较大的效力，业主与物业公司就某些共有空间和私人空间的争论与矛盾，如共有产权问题、公共空间的占用问题、经营问题等都可以通过

① 文中发．住宅物业小区治理的实证研究［D］．成都：四川大学，2005.

《业主公约》进行具体的规定。

通过商议，业主们决定采用政府部门所制定的《业主公约》和《业主大会议事规则》示范文本，同时文本仍然腾出了较大空间以供业主与物业公司就小区的具体事项分别进行商议和决定。筹备组派特定的工作人员搜集了小区业主的意见和建议，并且经过开会讨论提出了许多的意见和反馈，最终按照法定程序通过了正式版本的《业主公约》和《业主大会议事规则》。

同时，不只是《业主公约》，业主委员会的机构设置、组织架构、运行机制，以及业主委员会委员的工作性质、工作内容也都做了具体的规定。首先是制定了业主委员会委员的基本守则，对业主委员会成员的义务以文件的形式确定下来；其次是确立了业主委员会的各项具体运行制度，如会议制度、审议制度等也通过业主委员会章程确定，保证新一届的业主委员会能够以小区业主利益为基本方向，保障物业的合理使用，调解小区业主与物业公司之间的矛盾，同时实现业主自治最大化。

对于业主委员会和业主大会到底能够起到什么作用，在小区的具体物业工作中又能够做什么，南方花园小区的很多业主都不清楚。其实，这种情况不仅存在于南方花园小区中，中国大部分城市的小区业主也并不知晓业主委员会和业主大会的职能与责任。在集体行动困境背景下，大多数业主都会选择“各人自扫门前雪”，但是发生物业矛盾时，往往又投诉无门。所以，熟悉业主委员会管辖范畴，有明细的业主自治治理边界和议事规则，有利于业主迅速了解并且参与到小区自治中，同时可以把小区事务的管理限定在小区内部，在最小闭环原则的指导下最大化节地省治理成本，并且提高业主的公共事务参与意识。

三、南方花园小区的小区自治经验启示

除了实体之间需要有联动机制将其串联起来外，规则与制度的清晰也不可或缺。南方花园小区的小区治理历程与自主治理经验能够在物业管理过程中的静态规则与边界方面给予我们启迪。它表明，对物业管理事项的清晰规定与深刻了解，能够保护业主自身权益不受侵犯，同时也能够规范物业公司的管理制度，促进小区物业管理良好运行。

如果没有清晰具体的规则，矛盾主体间就会经常就具体的事项争吵不停，最终不但没有找到解决方法，还平白浪费了许多时间和精力。清晰的规则制定以及明确的产权分类，为小区业主与物业公司之间的矛盾调节提供了可供参考的借鉴，使得小区治理有章可循。

此外，即将开征的房产税会进一步凸显共有产权的问题。房产税的征收在一定程度上会激发小区业主的产权意识，业主的主人翁意识会更加强烈，因此业主对小区内共有产权以及公共产权的归类、分配、收益等问题的关注会进一步加

强。所以对小区内部共有产权清晰的归类与合理合法的划分就成为必不可少的一项工作。同时，业主产权意识的增强也会倒逼物业公司理性处理小区内部具有争议的公共区域以及公共物品，促使业主委员会或者管委会增强与物业公司之间的协商与交流，形成一套全面具体的规则，使得物业服务主体间遵循准则、统一指导，高效化解物业矛盾。

第四节　资源换置——解决小区停车难问题①

一、小区停车难问题背景分析

上海浦东新区嘉德公寓建成于2000年，共有276户业主。在小区刚建成时，根据房地产商的初始设计，总共有52个固定车位。但是随着时间的推移，拥有私家车的业主越来越多，所以小区的车位明显供不应求。小区物业通过对小区道路、中心花坛、地下车库空隙等各种边角空隙的综合利用，共计划增划51个车位，但是小区车位缺口依然超过50个。

停车难问题是困扰多个小区的疑难杂症之一。在小区规划早期，小区业主大多没有私家车，但是随着私家车数量的急剧增加，小区停车位和私家车数量之间的缺口越来越大。在某些小区，早期已有私家车的车主有固定车位，而拥有新车的业主却没有办法把自己的车停在小区里面。关于固定车位是否合理与合法的问题也引起了社会的大量关注和讨论。而根据《物权法》规定："建筑区划内的道路、绿地属于业主共有""占用业主共有的道路或者其他场地用于停放汽车的车位，属于业主共有"。所以从这个角度来看，小区内部地面所划分的停车位，应属全体业主共有。因为业主在购买房屋的全部支出已把这部分"共有区域"包括在内，所以一部分业主认为停车位如果进行固定的话，对于另外一部分没有固定停车位的业主是极其不公平的。再者，根据此规定，包括物业公司在内的任何人都没有权力私自将小区停车位进行出租或者售卖，而物业公司作为日常物业服务事项的提供者，只能向各位业主行使管理权，收取的费用名目应该是停车管理费。②

二、解决小区停车难问题——资源换置

在"僧多粥少"的背景下，如何优化停车位的管理以及如何尽量推动解决

---

① 王梅．内"优"外"换"，解决小区停车难！［J］．城市公用事业，2013，27（6）：1－9.

② 王梅．内"优"外"换"，解决小区停车难！［J］．城市公用事业，2013，27（6）：1－9.

小区停车难问题成了小区业主和物业公司都十分关心的事情。基于小区停车难的现状，浦东新区嘉德公寓和附近的中国电信股份有限公司推出了“资源换置”的措施，指导业主们错时错位停车：白天，当业主们把车开出去上班时，附近上班的电信研究院员工即可把车停到小区内部；晚上等到业主们下班之后，业主同样可以把车停到隔壁的研究院中。经过一段时间的协商与敲定，双方就这一方案形成了具体的落实措施，包括小区业主意愿登记、停车时间要求与控制以及紧急情况联系机制等。

优化小区内部停车难问题，不能单纯地在小区内部通过控制与管理小区车辆来解决难题。因为小区的停车面积是固定的，在客观条件的限定下，小区内部消化管理停车难问题非常困难。内部难题消化困难时，要适时地转变方向向外求援，通过资源换置的方式，与小区周边的办公区域进行错峰交叉停车，可以缓解小区停车难的问题。由于存在工作地点的异同，小区业主和周边办公区域的工作人员可以利用办公场地的差别来进行错时错位停车，利用时间差将原先办公时间空置的停车位给用起来，实现社会资源的最大化配置。

其实早在几年前，许多城市就已经开始实施“资源换置，错位停车”措施，将大部分甚至是所有企业、事业单位的停车场向社会公开，使得没有足够停车位的小区能够利用“错时停车”来缓解甚至解决停车难的问题。而且，这不仅能够解决小区停车难的问题，在一定程度上也缓解了社会问题。通过停车资源共享，从小区外部新开辟出一个有偿收费停车场，使小区的停车空间得到大大拓宽。

但同时，利用资源换置来解决小区停车难问题实际上增加了物业管理的成本。因为来往的车辆数量更多，所以控制和管理也更加困难。这就要求物业以及其他相关部门不仅要做好制度设计的工作，同时也要注意突破技术上的难关，此项措施才能够落地，并科学和高效地运行。否则一个新方法的出台，不仅没解决问题，反倒滋生出新的难题，又给业主增添新的麻烦。若一波未平，一波又起，那小区的治理更加难上加难。

物业公司、业主之间的物业矛盾不单是现阶段同一时空下的产物，各类矛盾因素交互作用，使物业矛盾的增量上升。在此小节中，我们将分析困扰大多数业主的难点难题，并且通过具体解决此类问题的案例分析，为其他小区提供可供参考的建议，使小区治理能够解决此类相似问题，最终实现有效运行。以下案例通过对小区的基本情况以及具体的物业矛盾进行分析，探究其解决纠纷的物业管理模式，以期给予其他小区以经验。

第五节 酬金制——破解物业收费难问题

除了停车难问题外，一直困扰大部分物业公司的还有物业收费难问题。在实际生活中，小区业主与物业公司之间的矛盾呈现多元化和多重化的特征。物业公司在市场化的选择下，进驻小区内部为小区业主提供物业产品与服务，所以其本质上是竞争市场的主体。业主聘用物业公司为其提供服务，物业公司通过竞争获得提供服务的资质与资格。但是，现实之中许多业主并没有形成一个成熟并且完善的服务消费意识，没有把物业服务当作是市场产品来看待。同时由于某些物业公司的服务质量低，业主对其意见较大，所以拒缴服务费的情况也常有发生。

如何破解小区物业收费难问题，这对许多物业公司来说也是一个不小的挑战。近几年，物业管理成本逐渐上升，但是物业费用一直停滞不前，这导致物业公司积怨重重。关于物业管理费用的支付方式，国家发改委和建设部在 2004 年联合颁布《物业服务收费管理办法》，其中规定物业服务费用的收取采用包干制或者是酬金制。目前我国大部分的物业费支付方式是包干制。包干制指的是小区的业主向物业公司支付固定的物业费用，物业公司自己享有、承担盈余或者亏损的一种计费方式。[①] 包干制实行起来较为简单，在业主委员会委员的专业水平欠缺，并且缺乏审计、监督等知识的情况下，实施包干制既节省时间和精力，也符合实际的工作需求。酬金制指的是在预收的物业服务资金中按约定比例或者约定数额提取酬金支付给物业服务企业，结余或者不足均由业主享有或者是承担的物业服务计费方式。[②] 酬金制实际上所采用的是实报实销制，业主向其所支付的预收物业管理费是由物业公司帮业主代为保管和管理。[③] 而且某些城市已经出台相关的政策，实行酬金制聘请物业公司的小区，可以进行税收减免。同时酬金制的支出费用由于可以进行监督和监控，所以业主用于支付物业管理的资金可以更加透明化，这样也有利于节省小区业主的成本，使得物业公司履行职能更阳光透明。

一、唱经楼小区酬金制的提出背景

南京市玄武区丹凤街的唱经楼小区是南京市第一批建成并投入使用的高层住宅小区，在刚刚建成的时候，由于小区环境优美整洁并且内部秩序管理良好而被

① 物业服务收费管理办法［EB/OL］. http：//www. china. com. cn/chinese/PI－c/449136. htm.

② 物业服务收费管理办法［EB/OL］. http：//www. china. com. cn/chinese/PI－c/449136. htm.

③ 刘政. 物业管理酬金制与包干制比较［J］. 中国房地产，2015（13）：73－75.

评为“全国十大文明小区”。[①] 据了解，唱经楼小区之前聘请物业服务企业所采用的方式是包干制，小区一共住有三千多位业主，但是业主们对物业的配合度不到10%。在采取了酬金制聘请物业服务企业之后，超过70%的业主能够自动自觉地缴纳物业费用，在物业费用被按时收取过后，唱经楼小区也成为老旧小区物业管理的典范。[②]

在2014年，小区长发物业因为自身资金债务而退出了小区的物业管理。据小区管委会负责人介绍，欠费债务主要来源于小区5年多来漏缴的水、电费用，自来水公司委托物业公司进行水费收缴工作，但物业工作人员依照总表计费平摊，导致用水过多业主的超支费用无法正常收取，所以长发物业才欠了许多债务。[③]

在这之后，新的物业公司东来物业开始接手唱经楼小区的物业工作。此前由于业主对物业公司的配合度较低，所以东来物业提出转变物业收费方法，采用酬金制来代替包干制，物业公司在所有的物业费用当中按照一定的约定比例收取酬金，其余费用则用于特定的物业服务项目，而所结余的盈利或者是不足都由全体业主来共同承担。

在提出进行酬金制改革之后，东来物业公司为了缩短其与小区业主之间的距离，增强业主的信任感，提出所有的费用都由管委会和业主代表进行保管和使用，而且物业办公室的账目全部面向全体业主公开，业主可自行查阅和监督。[④]

此类举措增强了小区业主对物业的配合度。物业公司在和小区业主委员会进行正式开会与商讨之后，征得全体业主同意，物业费用进行调整之后增加。同时，东来物业还与小区的管委会协商出租物业用房，每个月收取租金，用于小区电子基础设施建设。

二、东力新村酬金制实施过程

上海浦东新区高行镇东力新村是一个老旧的居民小区，物业费过去的收取方式采用的是包干制，其费用长期维持在0.45元/平方米的水平之上。小区居民不愿意缴纳更多的物业费用，小区的物业公司由于物业费用较低而长期亏损，所以退出了小区，这使此小区的物业服务陷入一个无人提供服务、无人管理的困难境

---

① 张兰兰．“阳光下”的自治能否破解小区收费难？物业管理酬金制试行调查［J］．中华建设，2016（12）：20－23.

② “酬金制”模式破解物业难题　唱经楼小区“展新颜”［EB/OL］．http：//house.people.com.cn/n/2015/0825/c164220－27514754.html.

③ 张兰兰．“阳光下”的自治能否破解小区收费难？物业管理酬金制试行调查［J］．中华建设，2016（12）：20－23.

④ 张兰兰．“阳光下”的自治能否破解小区收费难？物业管理酬金制试行调查［J］．中华建设，2016（12）：20－23.

地，给业主生活造成极大不便。①

2012年，东力新村采取酬金制模式，同时业主委员会与物业公司达成协定，将小区的物业费、停车费等费用全部纳入到业主委员会的账户当中。② 这样一来，小区的物业管理就有了稳定的收入，这部分收入便可以用来支付物业公司的酬金费用。除此之外，业主委员会对物业公司每个月的办公支出、小区的公共能耗费用都会进行审定与核对，确保每项支出都能够公开、透明，并且与特定的支出事项一一对应。

由于采用的是酬金制，业主们需要对物业公司的日常支出进行把关和控制，以节省业主的成本。在对物业公司各项服务进行调查后，业主委员会敦促物业公司降低不必要的费用，减少50%的行政人员，保留一个小区经理和一个财务人员，并对保洁员、保安以及负责绿化工作的人员进行精简和择优录用。③ 这样既节省了物业支出，又能够保证物业服务的质量。因为酬金制中用于小区专项服务的费用与物业公司的收益是分离的，所以用于小区内部物业服务的资金经过前期的计算以及商议之后是固定的，物业公司更能专心于提供高效且优质的物业服务，业主们在付出经过仔细且全面核算的支出费用后，能够享受物业服务所提供的良好秩序与环境。

此外，东力新村的物业公司按照规定需要公布物业服务资金的年度预算，保证物业服务资金使用的公开公正，并且物业公司仍应该以每年不少于一次的频率公开财务账目，小区业主有权利就相关的财务支出问题提出疑问，物业公司有义务就业主的质询作出规范合理的解答。

东力新村在实施酬金制的第一年，就从原来的物业费用长期亏损转变为盈余15万元。在酬金制的具体指导下，业主们不仅没有拖欠物业费用，还踊跃缴交物业费和停车费用，其中70%的业主还一次性交完了全年的停车费用。④ 从包干制转变为酬金制之后，东力新村跳出了长期困扰的物业收费难、物业服务提供不理想的状态，也为其他小区提供了可预见的参考经验。

三、案例分析

在以上两个例子中，小区通过改变物业服务的收费方式，解决了物业服务收

---

① “酬金制”破解老小区物业管理困局［EB/OL］. http：//sh. people. com. cn/n/2015/0518/c134768 - 24903994. html.

② 张兰兰.“阳光下”的自治能否破解小区收费难？物业管理酬金制试行调查［J］. 中华建设，2016（12）：20 - 23.

③ 张兰兰.“阳光下”的自治能否破解小区收费难？物业管理酬金制试行调查［J］. 中华建设，2016（12）：20 - 23.

④ 张兰兰.“阳光下”的自治能否破解小区收费难？物业管理酬金制试行调查［J］. 中华建设，2016（12）：20 - 23.

费难问题。同时，在此基础上小区管委会与业主委员会可以与物业公司进行商议，采取措施对各事项进行决议，节省业主成本，推动物业服务的优质与高效运行。通过增加财务和管理的透明度，如对物业资金的预算、监管和审计，显著提升小区治理水平。

不过值得注意的是，酬金制是区别于传统包干制的一种更加新型的物业管理收费方式，在运行过程中仍应该根据小区的具体情况，如小区规模与类型、业主委员会成员的知识结构与水平等来决定此收费方式的合理性与可操作性。[①] 由于采用酬金制的小区对于物业的各项人力资源安排、资金预算以及财务监管与审计都需要进行审慎且全面的计划与安排，所以不仅是业主委员会和管委会的委员，小区业主仍需要耗费大量的精力与物力来推动酬金制高效运行。实行酬金制来选聘物业公司的过程需要耗费大量资源，前期大量的信息搜寻与分析工作不可或缺，同时在与物业公司进行协商与沟通的过程中，需要相关的业主及委员具备扎实的专业水平与知识结构，不然很容易被物业公司欺骗，反而损害业主的利益，与采用酬金制的初衷背道而驰。

第六节　化解信任危机——社区环境和物业管理委员会的建立[②]

一、社区环境和物业管理委员会的建立背景——业主委员会信任危机高发

业主委员会建立的初衷是为了方便业主以集体的名义更加有效率地与物业公司对话，维护小区全体业主的利益。但是，一个新型组织的建立产生，意味着围绕此组织的工作性质与工作内容产生的矛盾与疑问也在不断攀升。传统的业主与物业公司的矛盾，演变为更复杂与棘手的业主、业主委员会以及物业公司三者之间的矛盾，矛盾之间错综复杂且相互交叉，很难在小区内部进行管理和解决。

成都市青羊区苏坡街道的某些小区就受到此种问题的困扰。首先是业主委员会遭遇信任危机。青羊区的苏坡街道早在几年前就接到某些楼盘业主对业主委员会提出的疑问与质询。业主们不断到街道以及各级纪检委去上访。更有甚者，苏坡街道某小区业主委员会主任在一次对业主解释的过程中，被业主殴打致重伤。不仅是青羊区，成都市温江区的森宇音乐花园小区的业主也曾对业主委员会提出质疑，认为

① 张兰兰．“阳光下”的自治能否破解小区收费难？物业管理酬金制试行调查［J］．中华建设，2016（12）：20－23.

② 【关注】业主委员会该如何破解“信任危机”？［EB/OL］．http：//www.sohu.com/a/209977244_99910418.

业主委员会的选举存在弄虚作假、违规备案并且侵犯业主利益的情况。

业主委员会本来是代表业主进行物业管理，并且维护业主利益的业主自治组织，为何反而被业主诟病、厌恶，出现信任危机？在现今中国，绝大多数业主委员会委员都属于公益性岗位，业主们凭借自己对小区治理的热忱与激情来竞选业主委员会委员。但是，随着小区的发展，特别是某些大城市的高级住宅小区业主委员会掌握着巨大的小区公共资源，比如小区内部的广告收益费、活动场地费以及经营用房等各项租赁性收入等，而一些委员凭借着这些资源攫取丰厚的利益回报。小区公共资源如果没有强有力的多维度监管，实则是为业主委员会委员们创造了寻租获利的空间。

二、社区环境和物业管理委员会的建立与实施方案

对于业主们来说，业主委员会的工作确实存在许多盲点以及难点，忙于日常工作的业主们也缺乏时间与积极性来了解业主委员会的运行规则、工作性质以及详细的工作内容。所以，依靠外部的力量进行监督与管理，为打通小区业主与业主委员会的信任障碍以及规范业主委员会的日常运作提供了有效的契机。

2017 年 11 月，苏坡街道在清江社区居委会试点，组建成都市首个社区环境与物业管理委员会（以下简称管委会）。从居委会委员、社区居民代表、社区议事会成员、居民小组长、党员骨干中产生 9 ~ 11 人兼任管委会委员，并且规定 5 名以上为党员。此外，对管委会委员的具体要求也做了详细的规定。人员的均衡分布体现出各方利益的均衡吸纳与分权制衡的管理原则，通过人员的构成分布，我们可以看出管委会在利益多元化的背景下建立，且其负责做好物业服务企业、小区业主以及业主委员会之间的协调工作，化解矛盾，并且管理和监督业主委员会更好地执行小区业主大会的各项商议事项与决议。

管委会以业主委员会、业主以及物业服务企业这三个主体为工作对象。若业主委员会工作不力或者是出现滥权行为，损害小区利益，管委会将对业主委员会的委员们进行约谈，若约谈无效将上报社区和街道进行整改，整改不到位的业主委员会将由管委会在小区内部进行通报批评。对于业主而言，如不遵守《业主公约》和《业主大会议事规则》，管委会同样需要对此类居民进行上门劝导。如果这类行为主体是党员，楼盘的支部书记同样也会对其进行约谈，若约谈过后业主仍然没有改变原有行为，社区党委会在党内进行通报批评。最后，对于物业服务公司来说，如果业主对物业服务不满意，物业服务企业未按合约有效规范地履行物业工作，管委会同样也会对物业服务企业进行约谈，约谈无效的物业服务公司将会被上报到派出所或者是房管部门等政府相关部门依法受到惩罚。

管委会隶属于社区居民委员会，所以从本质上来看其仍然是社区基层自治组织。委员们被要求了解与熟悉小区的具体情况，加强与业主、物业服务公司以及业

主委员会的日常沟通，并且定时收集和分析他们的反馈意见。这有助于管委会将主体之间的矛盾扼杀在萌芽状态当中，有效地化解小区内部纠纷。同时，管委会的委员们除了扮演中间者的角色之外，还以外部监督者的身份对小区内部的各项管理事项进行现场的记录和监督工作，在各项规章制度的限定下，对已发生的事实进行详细的记录和报告，落实好巡查、会议、培训、考核、调处等制度，全面统筹协调好小区内部的各项物业工作。①

三、经验分析

对于业主、业主委员会和物业公司来说，各个主体相互间积累的各种矛盾可能使自我驱动的整合效果不佳，除了依靠自身发动功能整合之外，外部主体的驱动整合也是规范与完善小区治理的解决之道。围绕业主委员会的讨论，除了前期建立需要克服很多困难之外，业主委员会在以集体名义来代表全体业主进行维权的过程中，许多问题也频繁出现，业主委员会有时并不能够实现代表业主进行自治管理并且有效维护业主权益的初衷。作为物业矛盾主体，为了协调与缓和物业纠纷，小区业主和业主委员会之间经常会就某些特定的矛盾与纠纷进行协商并提出具体的解决方案。但因为前期所积累下来的博弈经验以及交涉过程中累积的大量矛盾与纠纷，且业主与业主委员会之间、业主与物业公司之间以及业主委员会与物业公司之间缺乏一定的信任，所以，中间人或协调者的存在能够在双方僵持不下时另辟蹊径解决问题；同时，其还能够扮演一个外部监管者的角色，使物业管理工作得以有效进行。由于中间人或协调者必须具备一定的专业性和公益性，而且对于业主与物业公司而言必须具有一定的权威性，所以可以由政府或者是社区的自治组织担任。而在国家“实现社区环境共建共治共享”的号召下，为了准确把握城市工作的新要求，转变城市的发展治理方向，进一步推动社区成员进行自我管理和自我治理，社区自治组织担任中间仲裁者的角色责无旁贷。

管委会的建立是在小区矛盾丛生的背景下对小区治理进行创新探索的新路径，这标志着以社区为中心的物业管理小区综合治理机制的有效形成。相对于政府对小区事务的介入与管理，社区自治有利于对各小区事务进行全覆盖工作，能够在一定的区域内节省治理成本，提高小区综合治理效率，实现收益最大化。同时，小区内的每个业主都能够在社区自治的过程中培养主人翁意识，积极参与到小区公共事务的治理当中，真正实现共建、共治、共享的社会治理格局，以期破解社会治理能力失衡以及社会治理能力协调机制缺失等问题。

---

① 资料来源：成都市青羊区苏坡街道社区环境和物业管理委员会方案。

第七节　小区治理的他山之石

在介绍了中国各小区的物业管理案例以及小区管理经验后，本书把目光转向国外的小区治理，希望那些经验能给予我们新的启迪，这有助于在多元视角下观察与分析不同政治、经济、文化背景下的物业管理模式与小区治理经验，以期从另一个新方向帮助中国小区走出治理困境。

一、美国物业管理经验分析

（一）专业化与精细化的物业服务

美国物业管理的最大特点是专业化与精细化。作为城市建设与管理的重要产业之一，物业管理企业肩负着重要的小区管理职责。就精细化而言，物业管理企业除了提供小区日常的基本服务工作外，还提供许多像洗衣、病人接送及护理等服务，在一定程度上包括了社会服务的基本内容，减轻了政府的负担。所以精细化的服务要求物业管理企业积极拓宽其经营的领域范围，在技术上管理全面创新物业服务与产品的提供。专业化是美国物业服务企业最明显也最重要的特征之一。由于专业化能够节省社会资源与提高物业运行水准，专业化分工在美国的物业管理领域十分突出。比如，为了节省行政费用，房产开发商一般与物业服务分开。房产开发商买下土地之后，由财务公司做策划，请项目建设公司建造，委托专业销售商售房，然后找一家管理公司或者是业主来进行物业管理，所以房产开发商的责任主要集中在购买土地上，如果后来的物业管理出现问题，矛盾纠纷主体应是物业管理企业，而不是房产开发商。但是在中国，部分物业问题是房产开发商在楼盘开发前期所造成的，但是后来由于房产开发商的退出，所以此类纠纷主要由物业管理公司和业主来共同承担。美国的大部分房产开发商认为，物业管理是非常专业化而且具有行业与技术壁垒的管理工作，房产开发和物业管理是非常不同的，前者是生产领域，而后者完全属于专业的管理领域。所以住宅小区在建成前期明显的职能分工为日后物业管理的高效便利提供了有力的先导条件。

除了专业化外，美国的物业公司的大多数服务主要采取外包的形式，即物业公司自身只对小区整体进行管理，而将具体的服务业务外包给专业服务公司。比如对物业管理服务进行精细的商定与分析之后，会将诸如清洁、保安、专业设备维修等工作分包出去，社会上专业的服务公司会按照合同的规定来履行职能。此外，招投标手续也相对比较方便简单，一般是由服务企业先拿出具体的服务实施方案，经由业主比对挑选，决定最合适的服务企业。实质上，倡导专业的物业管理与服务进行分离的方式在中国也有出现。比如，上海陆家嘴物业管理公司就将属于整个住宅小区的管理与专门面向小区业主的物业服务分离开来，使得小区运行的各个环节能够高效并且有序地进行。

（二）社区协会的功能与作用

在美国的物业管理中，有一个组织承担着非常重要的社区与小区自治功能——社区协会。社区协会类似于我国的居委会，但是同居委会有所区分的是，美国的社区协会主要有三种类型：业主协会、共有者协会以及合作式的共有者协会（类似于中国的个人集资建房者协会）。由于协会发展能够影响业主的利益，所以社区协会容纳了较多的业主。就组织功能而言，社区协会其中一个非常重要的职能就是收取业主们的物业费用，同时，社区协会会根据各个物业公司所提交的服务方案进行选择，雇用一个他们认为合格的物业公司来进行物业管理。

由于社区协会是自主建立的、非政府的私营性组织，所以从理论上而言，它是一个基于社区内部的民主实践组织。由于社区协会协调和解决小区业主之间的矛盾纠纷，同时对物业公司的准入与运行进行把关和监督管理，所以社区协会是日常生活中同业主打交道最多的组织。通过社区协会进行小区治理，有利于节省政府治理的成本；同时它能够推动小区居民进行民主自治，吸引业主关注和积极参与小区事务的自主管理，十分有利于形成良好的小区与社区互动氛围。[①]

二、日本物业管理经验启示

除美国外，与中国邻近的日本的小区物业管理经验，也能够开拓物业管理的新视角，给予我国小区治理新的启示。

日本的民用住宅分为集合住宅和独立式住宅，后者相当于中国的别墅型住宅，而集合住宅和我们所讨论的小区类似，指的是多个业主同时居住在一个小区内部，或者是同一栋大厦中，业主们除了自己居住的房屋外，有共同使用的楼梯、走道、绿地以及其他公共用地。[②]

早在20世纪70年代末期，日本就已经成立了高层住宅管理业协会。物业服务企业接受协会的指导、监督以及管理。同时，协会对物业公司的资质准入负有较大的责任，每年负责举办对物业服务企业工作人员资质认定的考试，不合格的人员不能够向业主提供物业服务。

在日本，物业公司若想要在市场中拔得头筹，需想尽方法降低物业成本以及提高工作效率。和美国类似，日本的物业管理已经逐步进入精细化和专业化分工的阶

---

① 计科宪．物业管理：美国人交给了社区协会［N］．检察日报，2007－06－25（008）．

② 朱元珑．日本集合住宅的物业管理方法对我国商品房物业管理的启示［J］．现代物业（中旬刊），2016（8）：105－108．

段。物业管理公司负责对物业具体各项工作的把关、沟通与协调工作，把专业的物业服务外包给市场的专业性公司，这样物业公司就能够实现小区物业的集成化管理。与物业服务专业化相匹配的是物业服务人员的精简与高效。由于大部分的物业服务都交给市场负责，物业公司只需要派驻特定的工作人员负责统筹和协调整个物业项目的标准、进程以及完成结果即可。① 再加上要降低成本，使得业主利益最大化，物业公司极其注重效率，一般只会派一两个人负责管理一座二十层左右的高层住宅小区，同时负责公用部分与公用设施的检查与监管工作。②

值得一提的还有日本小区的业主委员会，也称为居民委员会。业主委员会的组织架构、人事安排以及决策发挥都与我国大部分小区的业主委员会有一定的差异。作为业主与物业公司之外的第三方，业主委员会发挥出一定的意见协调以及争端处理的作用。一般来说，小区住宅中一座楼的业主委员会由 3 ~7 人组成，任期两年，而业主委员会的成员并不是通过选举产生，而是由所有业主轮流担任，这就保证了每一个业主都能够积极履行业主委员会的沟通与协调职责。③ 业主委员会的委员都是业余的，没有任何收入。此外，业主委员会还负责物业公司的选聘工作，了解业主的意见与要求，负责物业公司日常履职活动的监管。在处理业主之间矛盾时，日本的业主委员会会以月为单位，通过“意见信箱”等形式，汇总整理小区业主实名举报的意见，并在小区每月的业主委员会例会中进行原因分析和讨论商议，提出切实有效的解决方法，充分发挥出第三方的功用。④

三、经验总结

就小区治理问题而言，虽然其他国家与中国的情况不尽相同，但是学习和借鉴其他国家物业管理的经验有助于从技术和制度上开启中国小区物业管理的新路径和新思想。比如物业整体管理与小区内部专业服务的分离，使物业公司能够提高整体的工作效率，小区业主能够以较为合理的价格享受到更加优质的服务；社区协会与高层住宅管理业协会的创立，能够开启社区以及小区民主自治的大门，使得小事不出小区，大事不出社区，在降低小区管理成本的同时减轻政府对物业管理进行监管与协调的负担，这为国家创造了多赢的局面与和谐的社会氛围。

---

① 李卫．浅谈日本的物业管理［J］．中国物业管理，2012（1）：34－36.

② 侯海涛．“至高无上”的业主——日本住宅小区物业管理扫描［J］．中国房地信息，2004（7）：51.

③ 侯海涛．“至高无上”的业主——日本住宅小区物业管理扫描［J］．中国房地信息，2004（7）：51.

④ 陈立行．日本业委会如何处理业主间的矛盾［J］．城市开发，2013（5）：78－79.

第五章　让小区治理运转起来

城市基层社会管理体制历经了从单位制、街居制到社区制的变迁，[①] 小区治理取向历经了从行政化到市场化再到社会化的转变。经济体制改革和社会管理体制转型，打破了我国传统的国家管理的微观基础，造就了“非单位型”社会，社会个体身份属性的认同从“单位人”向“社会人”以及“社区人”转变。[②] 改革开放以来，中国商品房经济快速发展，形成了以城镇小区为边界的治理单元，进而在商品房小区内产生业主自治的内生性需求。然而，在小区治理实践中，存在着政府、市场与社会之间的结构性矛盾，以及法律与实务之间的冲突，导致小区治理频频陷入治理结构异化、治理机制失效和治理工具失灵等窘境当中。小区是城镇治理的最小单元，但在这个治理场域中却存在着多方力量和利益的博弈。因此，需从激活治理结构、完善治理机制与创新治理工具等方面使小区治理运转起来，从而实现以业主自主治理为中心、各相关利益方友好协作的良好的小区治理取向。[③]

第一节　激活小区治理结构，明晰治理的权与责

业主大会与业主委员会是商品房社区自主治理的核心和标志。[④] 正如前文研究发现，当前小区业主委员会的发展存在弱势与强势两种极端分化的现象，治理结构出现僵化甚至异化的趋势。小区居民公共利益代理组织的业主委员会被戏称为“业萎会”（业主委员会出现休眠状态）或是“业伪会”（业主委员会被个别人把持）。因此有必要从法理与实践两个维度重新梳理小区治理场域中各主要治理主体之间的权力关系与职责安排，即小区治理制度设计的应然状态。同时，结

---

① 何海兵．我国城市基层社会管理体制的变迁：从单位制、街居制到社区制［J］．管理世界，2003（6）：52－62．

② 陈雪莲．从街居制到社区制：城市基层治理模式的转变——以“北京市鲁谷街道社区管理体制改革”为个案［J］．华东经济管理，2009（9）：92－98．

③ 杨玉圣．论小区善治面临的主要矛盾——兼论小区公共事务治理之道［J］．政法论坛：中国政法大学学报，2013，31（3）：55－66．

④ 王汉生，吴莹．基层社会中“看得见”与“看不见”的国家——发生在一个商品房小区中的几个“故事”［J］．社会学研究，2011（1）：63－95，244．

合深度调研结果，全面呈现小区治理过程的利益联盟与越轨行动，即小区治理制度运作的实然状态，并据此提出针对性建议。

通过文献研究，以及对典型小区的观察和对小区治理关键人物的深度访谈，本书总结了常规小区治理的结构关系图（见图5－1）。

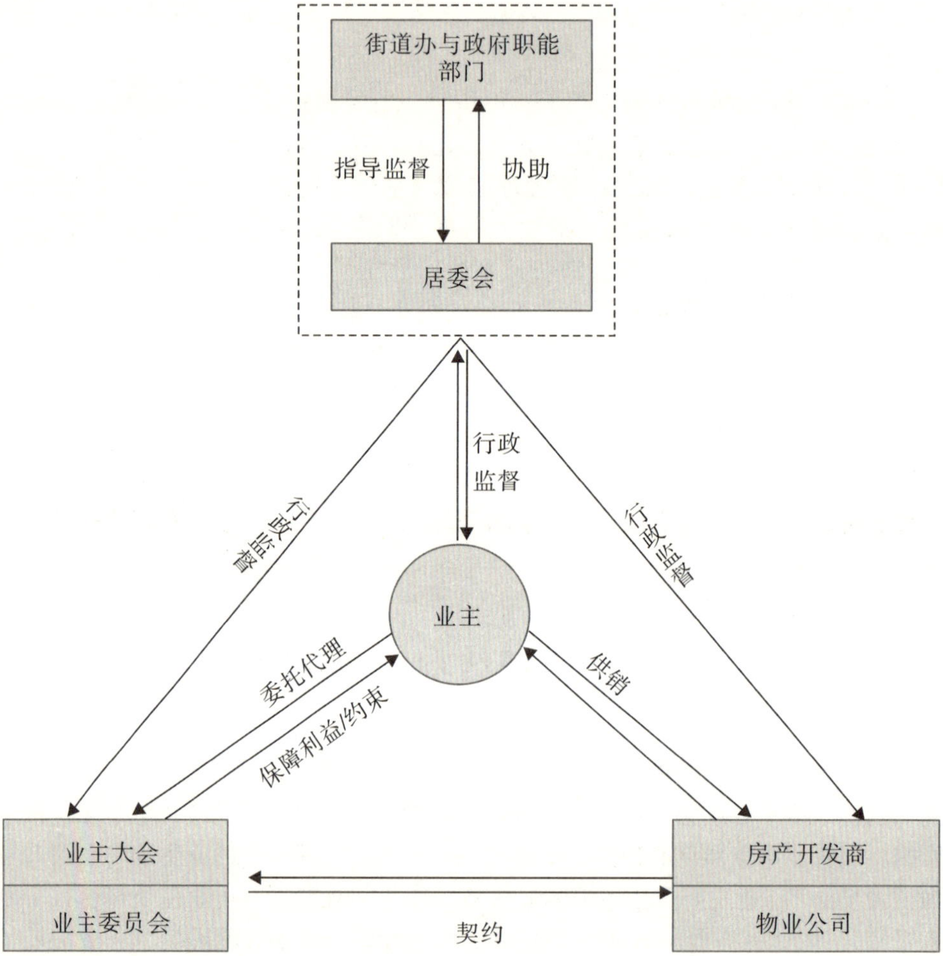

图5－1　常规小区治理的结构关系图

从常规小区治理的结构关系图中可以看出，小区治理过程主要涉及业主个体、自治组织（业主大会和业主委员会）、市场服务组织（房产开发商与物业公司）、政府行政管理组织（街道办、职能部门，以及居委会[①]）4 种治理主体。[②]其中主要存在 4 组关系：

①业主与自治组织之间的委托代理关系，同时业主大会和业主委员会通过集体决议的形式保障业主个体权益，并约束业主个体的越轨行为。[③]

②业主与市场服务组织之间基于市场行为形成的供销关系。

③街道办、政府职能部门与居委会对业主个体、房产开发商与物业公司等市场主体以及业主大会和业主委员会等自治组织的行政监督关系。

④业主大会、业主委员会与开发商、物业公司之间的契约关系。[④]

然而在实践中，“开发商和物业公司比业主更有信息优势、专业技术优势、组织优势、利益优势和财力优势。一些业主个体在自己的领域可能是专家、权威或者官员，但是在房产开发和物业管理领域中，他们每个人，甚至其原子化的集合，都是弱势群体”。[⑤] 这种情况使常规小区治理的结构走向僵化甚至异化，如图 5－2 所示，其主要表现为：

①房产开发商和物业公司等市场服务组织通过非正式手段对其他治理主体进行干涉。一方面通过俘获政府职能部门、街道办和居委会等政府行政管理组织，弱化政府主体法定的行政监督机制；另一方面通过拉拢或者煽动个别业主，扰乱业主大会和业主委员会的正常运行秩序。这一策略在现实中屡试不爽（何艳玲，钟佩，2013）。[⑥] 更有甚者，直接与业主委员会成员结成分利联盟，使业主委员会蜕变成为实质上的“业伪会”，背离业主大会成立的初衷。

②街道办与居委会对业主大会和业主委员会的成立、运作具有法定的监督和指导权利，因此，被市场服务组织俘获的政府职能部门有可能对小区共同体的成

---

① 在中国，居委会具有独特的组织形态、组织定位和组织使命，其处于政府管理的末端，同时处于民意表达的前端。从法律上看，《中华人民共和国城市居民委员会组织法》明确规定“居民委员会是居民自我管理、自我教育、自我服务的基层群众性自治组织”，也即居委会属于集决策、议事、执行职能于一身的社区自治主体。但在实践中，尤其是小区治理的过程中，居委会已然成为国家政权的末梢环节，扮演着国家代理人的“准政府”角色（闵学勤，2009；杨爱平，余雁鸿，2012），因此，本研究将其归为政府主体。

② 郭于华，沈原，陈鹏．居住的政治：当代都市的业主维权和社区建设［M］．广西师范大学出版社，2014：12.

③ 中华人民共和国住房和城乡建设部颁布的《业主大会和业主委员会指导规则》（建房〔2009〕274 号）第五条：“业主大会和业主委员会，对业主损害他人合法权益和业主共同利益的行为，有权依照法律、法规以及管理规约，要求停止侵害、消除危险、排除妨害、赔偿损失。”

④ 倪正茂．社区维权与和谐社会建设（下）［J］．现代物业，2008（3）：28－33.

⑤ 杨玉圣．论小区善治面临的主要矛盾——兼论小区公共事务治理之道［J］．政法论坛：中国政法大学学报，2013，31（3）：55－66.

⑥ 何艳玲，钟佩．熟悉的陌生人：行动精英间关系与业主共同行动［J］．社会学研究，2013，28（6）：21－45.

立和运作人为制造障碍和困难。

③由于部分自治组织管理不完善且运行不畅，部分业主对业主大会和业主委员会所形成的集体决议采取抗拒或者不合作的行为策略，因此形成恶性循环，加剧小区治理结构的僵化。

在商品房小区的新空间内，业主及业主委员会、房产开发商与物业公司以及街道办、政府职能部门与居民委员会三方利益相关主体形成了三种相互博弈的力量，构成小区日常生活的权力结构中的三个极项。因此，宏观层面上的国家、市场和社会都在商品房小区这个微观的治理场域中获得了具体而直观的体现。三者在小区治理过程中的纠纷、矛盾和冲突，在一定程度上反映了在转型期这一中国独特社会背景下，国家—市场—社会之间的复杂关系。因此，各方利益主体对权力（利）与职责的归位，是小区善治的必由之路。

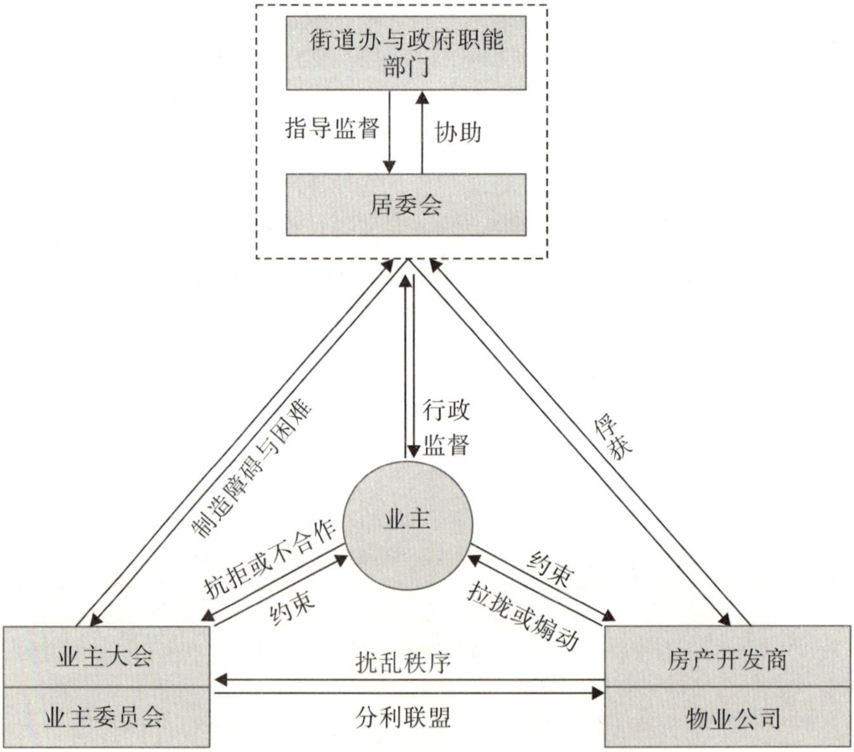

图5-2 扭曲化的小区治理结构关系图

一、落实业主大会与业主委员会的决策权与执行权

（一）明确自治组织的合法性来源

1994 年，建设部房地产业司颁布的关于贯彻建设部令第 33 号《城市新建住宅小区管理办法》第六条首次提出“住宅小区应当成立住宅小区管理委员会”，即业主委员会。《物权法》第七十五条明确指出：“业主可以设立业主大会，选举业主委员会。”《物业管理条例》等法律法规进一步明确，并在实践中不断修订和完善，形成“业主大会—业主委员会”的“决策—执行”自治组织框架。《物业管理条例》规定，“物业管理区域内全体业主组成业主大会。业主大会应当代表和维护物业管理区域内全体业主在物业管理活动中的合法权益”，并应当“在物业所在地的区、县人民政府房地产行政主管部门或者街道办事处、乡镇人民政府的指导下选举产生业主委员会”；[①] 业主委员会“履行业主大会赋予的职责”“执行业主大会决定的事项”并“接受业主的监督”，“业主大会或者业主委员会的决定，对业主具有约束力”。[②] 无论在法理上，还是在实务中，业主大会和业主委员会都是小区治理过程中最核心的组织基础。小区善治需实现二者职能的归位：业主大会属于权力机构与决策机构，而业主委员会属于执行机构。

（二）权衡集体决议的代表性、公平性和可行性

保障业主大会决策能力，促进业主委员会的良性运转。业主大会涵盖的利益主体范围较广，意味着其组织能力和行动能力有所限制，但关系到小区核心利益或者重大事项的决策又必须通过业主大会的决议。因此，只有保证业主大会的决策能力，才能对业主委员会的权力和物业公司的服务效果进行有效的监督和约束，降低业主委员会被“俘获”的风险和可能性。《物业管理条例》第十三条规定业主大会的召开包含定期会议和临时会议两种形式，前者“应当按照业主大会议事规则的规定召开”，而当“经 20% 以上的业主提议”时，业主委员会应当组织召开业主大会临时会议。[③] 尽管当前法律“业主可以委托代理人参加业主大会会议”，但我们必须面对这样一个现实困境：一方面，总体上业主大会的业主参与率并不高；另一方面，如果与会人数达到法定要求，一般的社区内部无法找到合适的空间组织如此大规模的会议。因为国内大量的社区的业主总人数超过 1 万，那么业主出席率达到十分之一就已经超过 1 000 人。当前，《物业法》和《物业管理条例》等法律中关于小区公共事务的决议需通过两个“三分之二”或

---

① 见《业主大会和业主委员会指导规则》第三条。

② 见《物业管理条例》第十二条。

③ 见《物业管理条例》第十三条。

者两个“二分之一”原则，这虽在一定程度上保障了代表性和公平性，但在可行性方面却产生了一定的困难。具体表现为主观上部分业主参与社区公共事务的积极性不高，客观上部分业主没有居住在小区内，产生时空区隔，导致业主大会或者业主委员会决策会议未能达到法定的人数要求，不能如期召开。因此，建议通过强化互动平台技术的辅助作用，促进更多业主参与小区事务管理的过程，在更大范围内获取业主真实的意见表达。

然而，业主大会和业主委员会的共同决议在实践中也常常受阻。因为未参与公共事务决议的“三分之一”或者“二分之一”的那部分业主，或者在集体决议中意见未被采纳的业主，对于集体决议的执行往往采取的是不合作的策略。尽管《业主大会和业主委员会指导规则》第二十条中规定：“如果业主存在拒付物业服务费，不缴存专项维修资金以及实施其他损害业主共同权益的行为，业主大会可以在管理规约和业主大会议事规则中对其共同管理权的行使予以限制。”① 但是，对违规业主而言，违反共同决议的成本较低，并且惩罚的执行难度较大。基于业主大会和业主委员会等自治组织的运行状况的评判，小区内部惩处属于不可信威胁。因此，应当进一步提高小区自治组织决策的科学性、代表性、公平性和可行性，并借助法律权威和行政力量保障集体决议的切实执行，进一步强化自治组织的权威性和决策执行的影响力。此外，应当探索“积分激励 + 扣分惩戒”的方式，促进业主履职与守约。首先通过修改完善小区《管理规约》，确定参与小区治理过程的积分激励条款和扣分惩罚条款，用明确的办法将积分和扣分与经营小区共有资产所得红利的分配相连。然后，借助大型互联网信息平台技术，设计好业主履职、守约或者违规的记录和公开方式。此外，还需要根据小区的收益空间设计红利分配方案。以共有财产分红为激励要素，鼓励业主积极参与小区公共事务，并对违规者形成有力的约束和实在的负向激励。

（三）破除小区自治组织中的内部分化

大量的真实案例和研究成果表明，小区业主大会和业主委员会的成立前期可能都是“轰轰烈烈”的，但由于居民对小区治理的公共事务存在参与度不足和信任缺乏的双重障碍，② 在业主委员会成员对集体决议的执行过程中，由于私人利益与公共利益的交织，积极分子的“失望情绪”，或房产开发商、物业公司的干涉等因素③，业主委员会内部往往会出现分化现象，形成“准派系政治”斗

---

① 见中华人民共和国住房和城乡建设部颁布的《业主大会和业主委员会指导规则》（建房〔2009〕274 号）第二十条。

② 李正东．城市社区冲突：强弱支配与行动困境——以上海 P 区 M 风波事件为例［J］．社会主义研究，2012（6）：90－96.

③ 盛智明，蔡永顺．私人利益与公共行动：集体行动中积极分子的参与转变——基于 A 市业主领袖的考察［J］．东南大学学报（哲学社会科学版），2017，19（1）：103－113，145.

争，走向寡头式统治的“精英悖论”[①]。业主委员会的内部分化产生的原因既包括业主委员会成员本身主观因素，也有业主委员会制度设计的客观因素。但其根源在于信息的不对称性，导致“行动精英间、行动精英与一般行动者之间的关系断裂”[②]。大量研究表明，社区精英在社区治理过程中发挥着重要作用，例如鼓舞斗志、动员资源、创造和辨识机会、制定行动策略、表达利益诉求和影响行动结果等。[③]

因此，一方面必须通过强化业主委员会内部的建设，建立完善的议事决策机制并遵守实行；另一方面必须通过多种信息公开渠道，对业主委员会执行集体决议的过程、结果和效果进行透明化管理，及时化解普通业主对公共事务的误解。

二、落实街道办的监督职能与居委会的指导职能

居民自治是城市治理体系的重要构成要素。[④] 中国幅员辽阔，各地区居委会的运行状况不尽相同，但总体上，居委会作为政府在社区职能延伸的工具和落脚点，往往面对的是“上面千条线，下面一根针”的倒金字塔式超负荷运行管理局面。已有的研究表明，面对如此多自上而下的“行政性发包制”[⑤] 任务，基层政府可能选择“变通”“共谋”[⑥]“应对”[⑦]“选择性政策执行”[⑧] 和“选择性应付”[⑨] 等行动策略。此外，街道办和社区居委会还要面对自下而上的千头万绪的投诉和纠纷等，在社区日常公共事务的管理过程中扮演着发起者、组织者、协调者、仲裁者和监督者等多重角色；其中由于小区治理涉及大量私益与公益的叠合问题和现行法律的可行性问题等，而对法律法规又存在“选择性有为”和“解读性执行”等问题，因此，有必要纠正基层政府组织在小区治理过程中的错位和越位的行为。

---

① 何艳玲，钟佩．熟悉的陌生人：行动精英间关系与业主共同行动［J］．社会学研究，2013，28（6）.

② 何艳玲，钟佩．熟悉的陌生人：行动精英间关系与业主共同行动［J］．社会学研究，2013，28（6）.

③ MORRIS A D，STAGGENBORG S. Leadership in social movements［C］//SNOW D A，SOULE A S，KRIESI H. The blackwell companion to social movements. New Jersey：Wiley-Blackwell Publishing Ltd，2004，pp. 171 –196.

④ 徐勇，贺磊．培育自治：居民自治有效实现形式探索［J］．东南学术，2014（5）：33 –39.

⑤ 周黎安，行政发包制［J］．社会，2014，34（6）：1 –38.

⑥ 周雪光．基层政府间的“共谋现象”——一个政府行为的制度逻辑［J］．开放时代，2009（12）：1 –21，243.

⑦ 艾云．上下级政府间“考核检查”与“应对”过程的组织学分析——以A县“计划生育”年终考核为例［J］．社会，2011，31（3）：68 –87.

⑧ O'BRIEN K J，LI L. Selective policy implementation in rural China［J］. Comparative politics，1999，31（2）.

⑨ 杨爱平，余雁鸿．选择性应付：社区居委会行动逻辑的组织分析——以G市L社区为例［J］．社会学研究，2012（4）：105 –126，243 –244.

（一）从“无为”到“有为”，回归基层政府的管理职能

郑国洪借鉴制度可能性边界理论，根据政府介入程度的从强到弱，描绘了物业管理制度的四种实践模式：普惠型、内部福利型、市场契约型和私人秩序型。① 当前小区物业管理的主要模式是市场契约型，其次是私人秩序型。在这两种模式下，基层政府和居委会发挥其“柔性共同治理组织”的特性②，通过“有组织的不负责任”（organised irresponsibility）（贝克，2004）“隐”到“无为”状态。社区内部的社会事务具有私人生活性质，自然也成了政府部门“能推则推”的“选择性应付”的事务，从而在小区治理的过程中呈现由“强国家”到“隐国家”的独特格局。③ 但《物权法》第七十五条规定：“业主可以设立业主大会，选举业主委员会。地方人民政府有关部门应当对设立业主大会和选举业主委员会给予指导和协助。”《物业管理条例》第十条进一步明确：“同一个物业管理区域内的业主，应当在物业所在地的区、县人民政府房地产行政主管部门或者街道办事处、乡镇人民政府的指导下成立业主大会，并选举产生业主委员会。”因此，在小区自治组织尚未组建或者筹备阶段，作为公共权力代表的政府部门，即所在辖区的街道办和居委会，是辖区内公共空间当然的管理主体，对房产开发商和物业公司具有监督权力，对小区自治组织的成立和运作具有指导职能。

尤其是当业主委员会与物业公司之间、业主与业主之间等产生矛盾纠纷的时候，基层政府应当积极发挥管理职能，而不能将责任推卸给社区自治组织，因为自治组织除了法定的业主委托的内部管理职责以外，对外部事务的组织能力、动员能力和法律效力较弱。

（二）从越位到归位，明确基层政府的角色定位

“成立难，运行难”是对当前业主委员会制度最真实的描述，从业主委员会成立的数据即可发现，据城乡建设部统计，全国近七成的小区目前仍然未成立小区业主委员会，④ 其中存在现实可行性的困境，也存在基层政府对现行法律的“解读性执行”和对自身角色定位的越位等现象。首先，最为常见的是将业主委员会成立的“告知性备案”义务解读为“审查性备案”，并成为基层政府限制小区自治组织的“合法性武器”。事实上，《物业管理条例》第十六条明确规定：“业主委员会应当自选举产生之日起30日内，向物业所在地的区、县人民政府房

---

① 郑国洪．法律、信任与物业管理［J］．现代法学，2014（6）：177－187.

② 李正东．城市社区冲突：强弱支配与行动困境——以上海P区M风波事件为例［J］．社会主义研究，2012（6）：90－96.

③ 李正东．城市社区冲突：强弱支配与行动困境——以上海P区M风波事件为例［J］．社会主义研究，2012（6）：90－96.

④ 孙莹．广州小区成立业委会比例低于全国水平［EB/OL］．http：//gz.house.163.com/13/1105/07/9CTCEN1900873C6D.html.

地产行政主管部门和街道办事处、乡镇人民政府备案。”从法律属性上分析，这属于一种“告知性备案”。并且在国务院“对《关于〈物业管理条例〉第十六条的请示》的答复”（国法秘函〔2005〕439 号）中更是直接说明“《物业管理条例》第十六条的规定中的‘备案’是一种告知，不具有行政许可的性质”。但是在实务中，业主大会和业主委员会的成立往往需要三个月到六个月的时间，因为需要对业主委员会成员的资格、资质进行审核等，如此漫长的筹备时间对于原本就分布松散、力量微薄、资源有限、非制度化的小区居民而言，实为一种严峻的考验。

其次就是对《物业管理条例》第十条和《物权法》第七十五条规定的“指导和协助”[①] 的“解读性执行”。“指导和协助”在权利和义务的明确上本身就具有一定的自由裁量空间。“协助”强调功能发挥和角色定位的非主要性，而“指导”强调对正确方向的指引，但并不否定对可能错误方向的纠正。因此，被物业公司或房产开发商“俘获”的基层政府可能通过这一途径阻碍业主大会和业主委员会的成立。事实上，城市基层政府应当明确，社区自治组织更加面向居民，在纷繁复杂的社会事务中分担重任，共同营建和谐共荣的社区，[②] 对社区治理具有重要的意义。

三、界定房产开发商、物业公司的管理与服务功能

业主委员会与物业公司之间是一种平等的契约关系，业主委员会通过聘任或者雇佣物业公司对小区内的共有产权部分进行管理和服务。换言之，业主委员会是雇主，物业公司是雇员。在小区内，与物业服务有关的一切权力归业主或其代表业主委员会所有，这是业主委员会与物业公司基本的法律关系。两者之间属于完全的、明确的市场行为和市场关系。但现实中，业主委员会与物业公司之间的关系远不是线性的、单一的，而是充满纠葛和纷争。[③] 房产开发商和物业公司的越位行为，导致一些未能成立业主委员会或者业主委员会名存实亡的小区实质上成了“商人治区”，因此，需要根据《物权法》《物业管理条例》等法律的规定，明确落实开发商和物业公司的具体职能。

（一）减少房产开发商和物业公司对自治组织成立的干扰

大量的案例显示，由于“在业主、业主大会选聘物业服务企业之前，建设单位选聘物业服务企业的，应当鉴定书面的前期物业服务合同”，[④] 房产开发商和

① 具体内容见上文。
② 闵学勤．社区自治主体的二元区隔及其演化［J］．社会学研究，2009（1）：162 - 183.
③ 夏建中．中国城市社区治理结构研究［M］．北京：中国人民大学出版社，2012.
④ 见《物业管理条例》第二十一条。

物业公司之间存在千丝万缕的利益关系。这两者作为追求利益最大化的市场主体，一般而言，在社区公共服务供给方面常常不尽如人意。因此业主大会和业主委员会成立的第一件事往往就是更换物业公司，甚至很多时候是因为迫于要更换物业公司而成立业主委员会。然而，业主大会的筹备、成立和运作本身就存在规模极大的先天性障碍和比例原则的法理性要求。尤其是首次业主大会会议的筹备，《业主大会和业主委员会指导规则》（以下简称《规则》）规定："首次业主大会会议的筹备组由业主代表、建设单位代表、街道办事处、乡镇人民政府代表和居民委员会代表组成，且筹备组组长由街道办事处、乡镇人民政府代表担任。"但从调研中可知，建设单位对于业主大会的成立往往是持保留甚至是反对的态度，他们常通过暗箱操作，阻碍业主大会的成立。但在《规则》中并未就其不合作的行为确立明确惩罚机制，仅仅提出"建设单位和物业服务企业应当配合协助筹备组开展工作"。笔者建议，修改《物业管理条例》，取消建设方代表作为业主大会筹备组的当然成员身份，防止市场力量对自治组织信息的截取，减少建设方力量对自治组织的渗透，保障自治组织的筹备工作的顺利开展，以及自治组织的独立自主性。

（二）对物业公司收费权的规范

小区管理的收费方式分为两种：小区共有产权物业经营性收费和一般性公共服务性收费。其中，居民和物业公司之间的争议和矛盾的主要来源于前者，在尚未成立业主委员会或者业主委员会名存实亡的小区，情况更为严重。物业公司被委托管理小区内部的共有产权物业，这些共有产权物业本身具有巨大的商业价值，比如小区内部车位管理、广告空间管理、经营性公共空间租金等。物业公司往往难以抗拒小区共有产权物业市场巨额收益的诱惑，而试图攫取其中的部分收益。因此，需要明确界定物业公司的管理边界和服务范围。

小区治理中，最直接的契约关系建立在业主委员会和物业公司之间，换言之，物业公司原则上不能直接与业主个体产生其他法律上的关系。《物业管理条例》第四十四条第一款规定："物业管理区域内，供水、供电、供气、供热、通信、有线电视等单位应当向最终用户收取有关费用。"但紧接着第二款又指出："物业服务企业接受委托代收前款费用的，不得向业主收取手续费等额外费用。"这实际上是允许了物业公司代收公共服务费用的"例外"。尽管这种操作方式可能可以节省一定的管理成本，但实际上却加剧了业主与物业公司的矛盾。因为供水、供电、供气、供热、通信、有线电视等是小区生活中最经常出现问题和被投诉的服务领域。根据一般业主的思维方式——"谁收费，谁负责"，物业公司对供水、供电、供气、供热、通信、有线电视等服务的收费在客观上使业主在潜意识中将其质量问题归因于物业公司的服务质量，从而激化两者之间的矛盾。

四、强化城市管理职能部门的执法权

小区作为相对独立的治理单元，具有一定的封闭性和内部性，在小区治理的实务中，往往出现“四不管”状态，即邻居不愿管、物业不敢管、建设和规划部门无法管、城管管不好的治理真空状态。在中国转型社会背景下，小区自治组织由于缺乏强有力的组织基础，对政府职能部门执法权的延伸“深切期盼”，但又高度警惕，呈现出“内生性需求”与“外生性抗拒”并存的二重属性。小区治理对政府职能部门执法权的二重性的张力推动正式权力向小区自治扩展，扩展中的正式权力重建了“正式权力组织与自治组织”的互动关系。

“麻雀虽小，五脏俱全”，作为中国基层社会最小治理“细胞”的小区的常规治理过程涉及多个政府组织部门：①前期审批：国土局负责预审建设项目用地，保证社区办公用房、物业管理用房和共有区域的土地，如果商品房小区缺乏配备社区公共用房，则无法通过审批。[①] ②项目规划：规划部门负责确定供地规划条件时，要明确社区用房的具体位置、功能比例及面积。③建设与验收：建设部门负责按照已审批的规划，如果建设质量不过关或社区办公用房违规，则不会给予竣工验收备案；房地产开发主管部门对城市规划要求配套的基础设施和公共设施的建设情况进行验收，对于违反规定的用房和公共面积坚决不能进行产权登记；房地产开发主管部门对后期业主私自建造的违章建筑进行监管。④市场监管：房屋交付使用之后，房管局负责监管物业企业市场行为。[②] ⑤日常管理：民政等职能部门主要负责小区命名和指导社区建设等职责，街道办等指导业主委员会筹备并且指导业主自治；[③] 城管部门对车辆进行管理；消防部门对小区内部消防隐患的防控具有执法权等。

前期规划、审批、建设与验收必须环环紧扣，当前因为“房屋质量、公房被占、共有面积被占”引起的业主维权集体行动的不在少数。而且类似的历史遗留问题往往涉及大规模业主的利益，涉案金额巨大，属于小区治理中的“老大难”问题。越到后期，事件产生责任划分越复杂。后期的市场监管和日常管理对小区的治理更是至关重要，因为自治组织、物业公司、街道办、居委会、城管等是小区常规管理过程中主要的主体。正如前文所述，由于自治组织客观上的动员能力不足、街道办和居委会客观上精力不足等问题，对于小区业主或者物业公司越轨行为的约束力均存在局限性。因此，必须强化在“组织、制度和身份”上均具

① 吴晓林，李咏梅．旧乡村里的新城区：城市“新增空间”的社区风险治理［J］．北京行政学院学报，2016（4）：9－16.

② 吴晓林，李咏梅．旧乡村里的新城区：城市“新增空间”的社区风险治理［J］．北京行政学院学报，2016（4）：9－16.

③ 吴晓林．房权政治：中国城市社区的业主维权［M］．北京：中央编译出版社，2016：204.

有合法性和权威性的城市管理部门对小区内部违法行为的管制，使其对小区内的违法行径形成强有力的震慑作用。同时，切实理顺小区与街道、街道与社区之间的事权划分，理顺社区与城建、市政、执法、公安、环卫等职能部门的关系，加强沟通协调，形成整体合力。进一步发挥社区居委会、物业管理小区在城市管理中的基础功能，实现城市管理的重心下移。

第二节　完善小区治理机制，加强激励机制、约束机制与信息机制联动

小区共同体与物业公司、房产开发商之间存在严重失衡的博弈关系，具体表现为：①博弈双方的力量差距悬殊；②博弈结果的边际效应悬殊。无论是在组织、信息、专业技术，还是在利益和财力方面，房产开发商和物业公司均比业主或者业主委员会具有明显的优势。[①] 因此，需要通过加强对业主委员会委员的激励机制、对物业公司的约束机制与小区内部与外部的信息联动机制，重建小区治理主体间的博弈均衡。

一、引入激励机制，促进自治组织运转

良好的物业治理不仅需要完善的法律保障，还需要不断提升业主的参与和责任意识。[②] 大量的研究和实践案例表明，社区治理精英对小区治理的作用不容忽视。当前，业主委员会作为业主利益的代言人，在小区治理的过程中发挥着重要的作用，但在实践中，作为“草根的”非营利性组织，它不能依靠报酬来吸引参与者，业主委员会成员又被要求必须以无偿奉献、志愿服务的形式参与治理过程，这一过程需要付出大量的时间和精力。其中存在现行法律的约束，也存在业主对职业化业主委员会的公正性的顾虑。

事实上，并没有任何一部法律法规明确禁止业主委员会成员获得报酬。虽然业主委员会成员是经过业主大会选举产生的，但在进行公共事务管理和维护公共利益的过程中，业主委员会成员不仅需要付出身体劳动，甚至可能产生通信费、交通费等额外的个人支出，因此有必要引入激励机制。参考北京市实施《中华人民共和国城市居民委员会组织法》办法的规定，居民委员会成员无薪金报酬，但享有生活补助费。补助费由全体业主分摊归集，业主委员会支付。因为《物权法》第九十八条规定：“对共有物的管理费用以及其他负担，有约定的，按照约

① 郭于华，沈原，陈鹏．居住的政治：当代都市的业主维权和社区建设［M］．桂林：广西师范大学出版社，2014：189.

② 郑国洪．法律、信任与物业管理［J］．现代法学，2014，36（6）：177－187.

定；没有约定的或者约定不明的，按份共有人按照其份额负担，共同共有人共同负担。”① 定额、发放等问题由业主大会和业主委员会决定。对业主委员会成员发放补助费，可提高其工作积极性，同时强化业主对业主委员会工作的监督。

另一种方式则是在自管模式下，通过业主委员会成立小区独立的物业公司，由业主委员会成员作为物业公司的经理人，小区自营的物业公司从对小区共有财产的管理所产生的经济效益中，划定一部分作为经理人的薪酬。换言之，在小区治理中引入公司化治理。从管理学的角度来看，当管理幅度不够时，公司化治理是必然的选择。

二、完善约束机制，规范物业公司的进入、缔约与退出程序

（一）早期物业公司的进入与退出机制

保障居民自主选择权是社区公共物品和服务生产的竞争性进入和退出机制形成的基础条件。在实务中，房产开发商与物业公司常常为“父子型”关系，或者是存在隐性契约与多重利益依附关系。② 基于这一背景，无论是房产开发商或是物业公司均存在继续保留原始物业公司在社区中的契约关系的利益激励。但居民往往基于对成本、服务质量和谈判地位的考虑，更倾向于通过撤换原始的物业公司，降低开发商与物业公司结成利益联盟的风险。这一“先天性”的矛盾要求进一步完善对物业公司的约束机制，规范物业公司的进入、缔约与退出程序，保障居民在物业公司的选择上真实意见的表达。

《物权法》第八十一条规定：“业主可以自行管理建筑物及其附属设施，也可以委托物业服务企业或者其他管理人管理。对建设单位聘请的物业服务企业或者其他管理人，业主有权依法更换。”第八十二条规定：“物业服务企业或者其他管理人根据业主的委托管理建筑区划内的建筑物及其附属设施，并接受业主的监督。”《物业管理条例》第二十六条继续补充说明：“前期物业服务合同可以约定期限；但是，期限未满、业主委员会与物业服务企业签订的物业服务合同生效的，前期物业服务合同终止。”从法律的角度来看，《物权法》和《物业管理条例》均赋予了业主和业主委员会足够的权利自由选择物业公司，但前提是业主委员会能正常运作，并且可以最大限度地代表广大业主的真实意愿和利益。

（二）业主委员会与物业公司的缔约机制

业主委员会与物业公司之间是典型的契约关系，通过签订合同的形式确定雇

---

① 见《中华人民共和国物权法》。

② 《物业管理条例》第二十一条规定：“在业主、业主大会选聘物业服务企业之前，建设单位选聘物业服务企业的，应当签订书面的前期物业服务合同。”此规定一定程度上导致了该局面。

佣关系。但两者在物业管理的专业技术和行业信息等方面存在较大的差异。也正因如此，物业公司利用信息优势，可能在物业服务合同中设置“陷阱”。因而业主委员会与物业公司签订的合约中可能存在真实意思表达不对等、地位不对等的问题，使合同最终成了“不平等条约”。因此，有必要通过设计严密的缔约机制，从源头上防止物业公司对业主利益的侵蚀。

（1）执行《物业管理条例》中倡导的“通过招投标的方式选聘具有相应资质的物业服务企业”。这样一方面可以为业主和业主委员会成员提供更多具有参考意义的市场信息，有助于其作出最优选择；另一方面可以通过竞争在一定程度上降低业主需要支付的服务成本。

（2）采用酬金制而非包干制的付费方式。目前大部分小区在物业管理服务费方面均采用的是包干制。实行包干制的，物业服务费用的构成包括物业服务成本、额定税费和物业管理公司的利润。[①] 包干制在一定程度上可以节省监管成本，提高决策和服务效率，但不可避免地导致服务质量下降。这是由包干制本身的约定规则决定的，因为包干制的物业服务费用是固定的，提供的服务项目越多、服务质量越高，所支付的成本相应也越高，即“干得越好，挣得越少”，这显然不符合物业公司作为以营利为目的市场组织的根本性质。酬金制在一定程度上克服了包干制的弊病。实行酬金制的，预收的物业服务资金包括物业服务支出和物业公司的酬金。[②] 实行酬金制有以下几大好处：①保障业主和物业公司双方的利益。业主对物业管理的支出项目更加明晰，一定程度上解决业主拖欠和不缴费的问题，避免因上述问题导致的“拖欠物业管理费—服务质量下降—拒缴物业管理费”的恶性循环。[③] ②提高物业服务运作过程的财务透明度，有利于业主对物业公司的监督，推动了物业行业的市场化进程。③提高业主的主人翁意识和社区参与意识。[④]

（3）在建设部印发的《物业服务合同（示范文本）》的基础上，充分听取街道办、居委会和广大业主尤其是业主群体中从事物业管理行业的专业人员的意见，订立对业主和物业公司都平等的物业服务合同。由于业主委员会成员，尤其是新成立或者新换届的业主委员会成员对物业管理的具体工作内容、要求、物业管理行业的价格标准等的了解程度不深，与物业公司之间信息不对称，因此需防范物业公司利用行业“潜规则”和行业陷阱等订立不平等的服务合同，导致不

---

① 见《物业管理条例》第九条。

② 刘建荣. 酬金制与包干制两种收费模式比较［C］//中国物业管理协会理事会第二次全体会议. 2008.

③ 鹿光元. 收费模式比拼：酬金制与包干制［J］. 城市开发，2008（z2）：52－53.

④ 张兰兰. “阳光下”的自治能否破解小区收费难？物业管理酬金制试行调查［J］. 中华建设，2016（12）：20－23；刘洪湘. 热议酬金制——酬金制：一种双赢的选择［J］. 城市开发：物业管理，2012（10）：8－11；郑梅华，张云波，祁神军. 酬金制物业管理多任务激励机制研究［J］. 武汉理工大学学报（信息与管理工程版），2012，34（2）：260－264.

能完整表达业主的真实意思，给小区治理留下隐患。

（4）以业主为中心的“专项服务业务分包”的尝试。《物业管理条例》第三十三条规定：“一个物业管理区域由一个物业服务企业实施物业管理。”这一条文意味着对于业主委员会而言，小区内的物业服务职能采取“打包”式的招投标。但第三十九条规定：“物业服务企业可以将物业管理区域内的专项服务业务委托给专业性服务企业，但不得将该区域内的全部物业管理一并委托给他人。”《物业管理条例释义》中解释：“多家管理主要有几种情况：一是建设单位选聘的物业管理企业和业主委员会选聘的物业管理企业同时为同一物业管理区域内的业主提供物业管理服务；二是同一物业管理区域内，成立了两个或者两个以上的业主委员会，这些业主委员会分别选聘物业管理企业进行管理；三是业主委员会将物业管理区域自行划分为若干个小的区域，分别委托几家物业管理企业实施物业管理。”“值得注意的是，虽然一个物业管理区域应当由一家物业管理企业实施统一的物业服务，但对提供物业服务的物业管理企业而言，是可以根据实际情况将专项服务业务委托给专业服务公司的。”显然，立法本身就存在“倾商主义”，因在某种意义上“专项服务业务分包”也是“多家管理”的情况之一，而在列举的过程中被人为地排除在外。但从《物业管理条例释义》中可以看到，“专项服务业务分包”的权利被赋予物业管理企业，而非业主委员会。诚然，如《物业管理条例释义》中所列举的“多家管理”模式确实存在管理上的弊端，但既然“专项服务业务分包”对于物业管理企业而言是可行的，那么对于业主委员会也具有一定的可行性。并且，它具有一定的优越性。其一，物业管理企业的选择是一种完全的市场行为，专项服务业务分包模式的管理范围和管理对象并不冲突，但对服务质量却形成良性的竞争。由基本的经济学原理可知，竞争有助于提升市场行为的效率和质量。其二，专项服务业务分包模式有助于业主对物业公司服务质量的直观评价，进而为后期的物业公司的选择提供可参考的标准，避免了以往以“物业费高低”决定物业公司的单一化标准。

三、建立矛盾化解机制

小区矛盾是指小区内的个人或团体为各自的利益和目标而产生的对抗性行为，具有时间性、空间性、复杂性和社会性的特点。小区矛盾是社会生活中普遍存在的社会现象。现阶段，我国的小区矛盾表现形式复杂多变，除了传统的婚姻、家庭、邻里、住房、小额债权纠纷以外，还出现了劳资、拆迁、物管、盗窃、情感淡漠、社会隔阂与社会分层等新型小区矛盾。小区矛盾总体上可以分为私人领域的矛盾与公共领域的矛盾，其中后者对社区治理影响较大。公共领域的矛盾主要包括两种：个别业主与业主委员会的矛盾（个别业主对共有产权的侵占）和业主与物业公司之间的矛盾（物业公司对共有产权的侵占），且公共领域的矛盾近年来日益凸显。因此，需要根据社区常见矛盾类型，在社区管理规约等小区治理内部章程中设置矛盾化解机制及其启动机制，其主要包括内部协商、人民调解、人民信访和法律诉讼等方式。

第三节　引入新型治理工具，推进小区信息化治理

小区善治不仅需要搭建合理的治理架构和设计严谨的治理机制，还需要通过引入新型治理工具，激活整个治理框架和机制，从工具层面打破原始治理模式对参与社区管理的时空界限，并且需要在技术上具有极强的可行性。当前，随着移动互联网的高速发展，我国网民规模达到7.51亿，互联网普及率为54.3%，网民中使用手机上网的比例达到96.3%。[①] 良好的硬件基础和用户基础，为打造我国信息化社区奠定了基础。信息是管理的基础，尤其是在多方参与的基层治理过程中。当前，业主、业主委员会与物业服务企业之间的纠纷和矛盾大多起源于信息的不对称。为此，我们需要建立业主、业主委员会和物业服务企业之间的信息交流平台与沟通机制，充分发挥业主大会和业主委员会在业主和物业服务企业之间的沟通和信息传递作用，增强契约双方的互信基础，避免因信任危机将物业服务企业与业主双方拖入“囚徒困境”。[②]

《中共中央国务院关于加强和完善城乡社区治理的意见》中明确提出要“增进社区信息化应用能力”。“社区信息化，就是利用信息技术建设一个有社区居民和社区组织参与的、联通社会服务的基础公共平台，以实现邻里沟通、社区对话、协商解决公共事务、共同规划社区发展；通过有组织的公众参与和公众监督，促使公共决策更趋合理，促使公共服务和商业服务更人性化、便利、实用、安全，不断提高居民生活质量，增强社会凝聚力。”[③]《城乡社区服务体系建设规划（2016—2020年）》中要求通过“构建城乡社区公共服务综合信息平台”和“推进智慧社区建设”等途径“加强城乡社区服务信息化建设”。结合“互联网+政务服务”，完善数据接口和共享方式，扎实推进城市社区公共服务综合信息平台建设，最大限度集成不同层级、不同部门、分散孤立、用途单一的各类业务信息系统，构建社区公共服务综合受理窗口，推行“前台一口受理、后台分工协同”；整合社区公共服务信息资源，推进基础证照的信息多元采集、互通共享、多方利用；拓展社区公共服务综合信息平台应用。[④] 其次，着力“推动‘互联网+’

---

① 数据来源于中国互联网络信息中心（CNNIC）发布的第40次《中国互联网络发展状况统计报告》。

② 郑国洪. 法律、信任与物业管理［J］. 现代法学，2014，36（6）：177-187.

③ 王颖. 信息化改变社区［M］. 北京：社会科学文献出版社，2012：13.

④ 城乡社区服务体系建设规划［J］. 社会与公益，2016（12）：8-14.

与城乡社区服务的深度融合，逐步构建设施智能、服务便捷、管理精细、环境宜居的智慧社区。推进智慧社区信息系统建设，广泛吸纳社区社会组织、社区服务企业信息资源，逐步实现社区公共服务、志愿服务、便民利民服务等社区服务信息资源集成。推动社区养老、社区家政、社区医疗、社区消防等安保服务和社区物业设备设施的智能化改造升级，强化社区治安技防能力。大力发展城乡社区电子商务，发展线上线下相结合的社区服务新模式"。最终，形成"网络联通、应用融合、信息共享、响应迅速的城乡社区服务信息化发展格局"。这是一幅非常宏大、长远并且近乎完美的愿景设计，虽然《城乡社区服务体系建设规划（2016—2020年）》的落脚点在于社区层面，但其指导思想和发展思路对小区的信息化治理也非常具有参考价值，并且需要在实践中落实到具体的各个层面。

一、小区信息化的基本框架设计

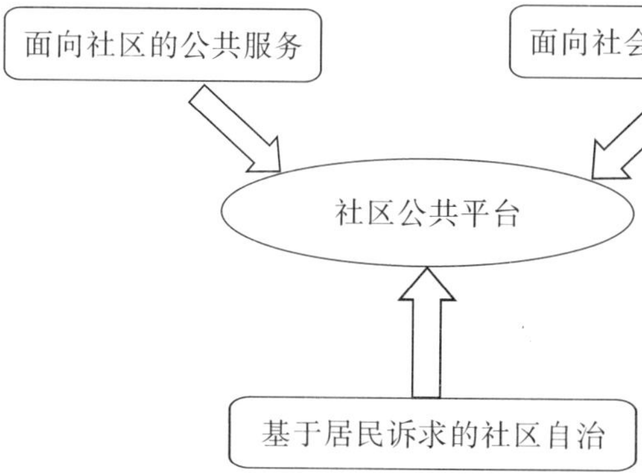

图5－3　社区信息化的基本框架①

学界对于社区信息化的发展提出了多种路径设想，但对于小区信息化的发展的研究尚不多见。总的来看，社区信息化平台的框架设计主要可以归纳为"一个基于，两个面向"的核心功能（见图5－3），主要包括社区公共服务供给、社区商业平台搭建和社区自治空间拓展。其中，"一个基于，两个面向"的社区信息化设计思路对于小区信息化的发展具有启发性意义，但两者又存在本质的区别：社区信息化核心目标在于公共服务的便利性供给，而小区信息化核心目标在于公共空间拓展；前者侧重为社区搭建平台以实现外部职能部门与社区联系的管理，而后者侧重为小区业主搭建平台以解决小区内部的公共事务的决策和管理。

社区信息化的发展分为五个阶段，即初级应用阶段、平台建设阶段、系统对

① 王颖．信息化改变社区［M］．北京：社会科学文献出版社，2012：14.

接阶段、应用联动阶段和持续整合阶段。上述五个社区信息化的发展阶段中，我国大部分社区目前仍处于第一阶段；少数城市和社区已达到第二阶段，并在实务中产生积极、重大社会效益；第三阶段仅在少数城市社区平台上初现端倪；在政府的倡导下，部分相关主体开始进入第四阶段；而第五阶段，目前来看仍是一个展望与期盼，“有美丽的幻想却无现实”。[①] 小区信息化治理大多处于研究探讨阶段，实践层面以电子投票等形式迈出了重要的第一步。

当前关于小区信息化的研究和工具设计以及设想，大多沿用了电子政务（E-governance）、电子政府的思想和理论。事实上，笔者认为，社区信息化与电子政务和电子商务（Electronic Commerce，又称 Electronic Business）在管理主体、财力支持、内在激励、常规化运营的可能性等方面存在本质的区别。小区本身是一种“自我管理，自我服务”的自治性组织，也是社区信息化的主要管理主体，作为一种自愿性、服务性的组织，它的行动能力和财力支持是相对有限的，在常规化运营方面更是困难重重。尽管从理论上认为小区信息化对于小区的管理具有重要的促进作用，但对于业主个体的激励仍然比较微弱。

二、“嵌套式”的小区信息化发展路径

在国家的大力推动下，十年来我国的电子政务工程建设取得卓越的成效，但纵观全国的政府官网建设，绝大多数止于区县层级，只有个别乡镇或者街道办层级建设了自己的官方网站或者平台，居委会层面的寥寥无几，小区层面的就更少了。相较于电子政务浪潮背后强大的行政力量支持、财政支持和迫切的管理绩效的激励，以及电子商务浪潮中强大的经济利益驱动，小区信息化存在“先天性”不足，缺乏硬件与软件的支撑以及足够的内在驱动力。换言之，以小区为中心，以电子政务或者电子商务的发展路径为参考，“另起炉灶”式地建立小区公共信息平台，再对接外部服务网络的发展思路，可能会使小区信息化走向绝路。

因此，笔者认为“嵌套式”的小区信息化发展路径是一种更可行的发展模式。所谓“嵌套式”，也就是说各个小区不需要独立建设平台，而只需要在特定的平台建立专属的“门店”即可，这可以解决平台运营成本和技术要求较高的现实障碍，即类似于在淘宝网平台建立自己的店铺。那么对于平台的建设，有两种思路，一种是以政府为主导打造的信息平台，类似深圳市和广州市住房和城乡建设委员会开发的业主决策电子投票系统，供辖区内所有社区使用；另一种思路是采用市场机制，允许市场主体参与社区平台建设的竞争。显然两种思路都存在一定的利弊，前者对于居民个人信息的保护更有保障，但官僚制本身的弊端也将在这一过程中显现，比如低效率等；后者可以有效解决效率的问题，但对于信息

① 王颖．信息化改变社区［M］．北京：社会科学文献出版社，2012：22.

安全等问题需要进一步的评估。基于中国社会信息化的发展历程，笔者更倾向于引入市场机制。毕竟个人信息安全的问题是互联网信息技术发展过程中永恒的议题，社区信息化不能因舍本取末而停滞不前。

三、信息化治理工具的选择

我国引入苏联居住小区的理论与方法，通过长期实践逐步形成了当前具有中国特色的居住小区模式。[①] 但由于中国极大的人口基数和较大的人口密度，小区规模和小区人口密度也常超出常规城市规划设计的要求。以互联网为基础的沟通方式集多种特性于一身，它能同时成为外部沟通渠道和内部沟通渠道。[②]（Strang，Soule，1998）。诚然，系统性的小区信息化和智能化必将是未来发展主要趋势，但这毕竟仍是一种机制设计和构想，还有相当长的道路要走。但当前的科学技术，尤其是沟通互动与信息传播技术的发展已经深刻影响人们的生活，通过“制度＋技术”的结合，可为当前的小区治理提供有力的支持。

“制度＋技术”的有机结合，是打破小区治理僵局的有力工具。智能化和智慧化小区建设，采用线上线下相结合的运作模式，双管齐下，最大限度降低小区治理的沟通成本，实现小区内部的有效沟通，减少信息不对称及其带来的问题。同时与职能部门进行数据共享，实现政府职能部门对小区的监管。具体操作为：线上实现常规管理，线下完成重大事项决策。

（一）积累社会资本：以微信、QQ 等为互动平台的网络社群建设

城市社区社会资本的缺失是社区不和谐的一个重要表现。[③] 在业主对居住小区内环境和物业管理及业主委员会改进建议评价中，“改进业主论坛/微信群/QQ群的沟通功能”选项得分较高，也即大部分业主认为充分挖掘社交平台的互动功能，有利于小区的治理。事实上，以微信群和 QQ 群为代表的虚拟公共平台已经渗透进我们日常生活和工作的方方面面。这些虚拟公共平台打破了传统面对面互动方式的时空界限，降低了社会互动的成本，极大地推动了城市社区中的“生”人社会向网络“熟”人社会演变，有利于积累小区的社会资本存量，进而推动社区线下的互动。

---

① 赵文凯．张播．居住小区不因市场而失效——小区理论在市场机制下的理解与应用［J］．城市规划，2010（9）：61－66.

② 黄荣贵．桂勇．互联网与业主集体抗争：一项基于定性比较分析方法的研究［J］．社会学研究，2009（5）：29－56，243.

③ 赵廷彦．社区失谐与社区社会资本的重构［J］．社会科学辑刊，2007（2）：76－78.

（二）促进公众参与：以电子投票等为代表的公共议题表决模式

2011 年 10 月 26 日，深圳市住房和建设局率先颁布《深圳市物业管理电子投票规则（试行）》（以下简称《规则》），政府首次以正式文件的形式助推电子化、智能化表决模式的发展。《规则》提出业主委员会可通过固定电话、电子触摸屏、互联网和手机短信等技术手段进行业主大会会议投票，解决了业主大会组织召开和业主意见表达的时空限制问题，还对“电子投票”的组织程序、保密原则和注意事项等作出了规定。总体上来看，《规则》虽然比较粗糙且简短，但与时俱进地提出了一种创新的公众意见表达机制。随着微信用户的不断增加以及功能的强化，微信成为国内最常用的沟通软件之一。2016 年 12 月 14 日，深圳市住房和建设局再次颁布《深圳市物业管理微信投票规则（试行）》，将电子投票引入微信平台，进一步减少电子投票的行动性障碍，促进业主参与表决。

2016 年 10 月 13 日，广州市住房和城乡建设委员会颁布实施《广州市业主决策电子投票暂行规则》，并于 2016 年 10 月 24 日印发《广州市业主决策电子投票工作指引》，对物业管理区域内需由业主共同决定事项范围、程序、职责范围、表决方式等作出了明确的规范，尽管在实际操作中依然出现“假票”“弃票”等现象，但毫无疑问，这是一种有益的尝试，是一种以“制度 + 技术”的创新管理实践，当前的漏洞都可以通过技术手段进行完善。

（三）保护公共资产：借鉴“三资平台”的公共资产公示制度

在业主和业主委员会对课题所列举的未来改进建议的投票中，“提高小区物业管理活动的透明度”这一建议得分相对较高。如前文所述，物业管理过程涉及小区共有产权物业经营性收费和一般性公共服务性收费两种收费。前者包括小区内部车位管理、广告空间管理、经营性公共空间租金等具有巨额收益的收费项目，这是属于业主的合法性收益，但由于监管难度大，往往在物业管理过程中留有让物业公司浑水摸鱼的空间。因此，“阳光财务”不仅可以加强监督，还可以强化互信。广东省率先推广农村集体“三资”（农村集体资金、资产、资源）管理服务平台建设，实现农村集体“三资”的保值增值，防止农村集体“三资”流失，保障群众的合法权益。小区共有产权的经营管理可以借鉴“三资平台”的管理经验和方法，确实保障业主利益。同时，公开业主的物业管理费的交付情况，双方相互监督，减少业主与物业管理公司的矛盾与纠纷。

第四节 选择最优管理模式，优化小区物业管理

业主自治包含两个基本维度：一个是内部维度，即业主组织进行共同决定的民主架构。业主组织的民主决策活动是社区自治的内生性的、基本的，也是最重要的行动方式，只要有商品房社区存在就必然会涉及业主的民主决策问题，因为这是一个物权的领地。另一个是外部维度，即业主对小区物业管理模式的选择和设置。物业管理模式的选择是业主共同决定的结果。① 两个维度共同构成小区自治的内部框架。根据业主委员会与物业公司的关系可以划分出三种不同的物业管理模式，分别是业主委托物业服务模式、信托制物业管理模式和业主自主管理模式。委托物业服务模式就是当前最为常见的一种形式，而信托制物业管理模式只在少数小区内探索，学界对此研究甚少。每种管理模式都具有一定的优劣性，需因地制宜地选择与本小区情况相符的模式。

本研究的调研数据显示，采用业主自主管理（以下简称业主自管）物业管理模式的小区业主在物业管理服务满意度和存在问题方面的表现均优于采用委托物业公司的模式进行物业管理的小区。现有学术研究也表明，采用业主自管物业管理模式的小区在物业管理方面的绩效表现往往较好。其中的内在逻辑在于业主自管模式下，业主委员会与物业管理服务提供主体之间属于孪生关系，物业管理服务提供主体遵循非营利的公益逻辑；而委托物业服务模式下，业主委员会与物业管理服务提供主体之间是一种合同契约关系，物业管理服务提供主体遵循利润逻辑。在目前我国的物业管理法规还存在诸多不完备的情况下，这种在理论上看似更加高效的合同契约关系往往会导致业主委员会及其业主与物业管理公司间的诸多矛盾与冲突。

浙江省杭州市西湖区竞舟社区恩济花苑小区②于 2002 年左右竣工，一共有 458 户人家。2009 年开始实行业主自管：以业主委员会作为业主的代表，类似于董事会，聘请一些专业的物业人员，主要是物业主管，类似于总经理，下面还有保安、清洁工等。“总经理要对董事会负责，董事会维护的是它的股东——全体业主的权利。总结就是，业主委员会领导下的物业。”经过 5 年的实践，恩济花苑小区不仅坚持 0.5 元/平方米的物业费不涨价，并且 8 年之后，业主委员会的积蓄高达百万元。恩济花苑小区的小规模社区背景下的业主自管模式的成功，得益于类似“董事会—总经理—员工”结构的职业化、专业化、公司化治理模式，

---

① 郭于华，沈原，陈鹏．居住的政治：当代都市的业主维权和社区建设［M］．桂林：广西师范大学出版社，2004.

② 厉害！这个小区自管后，物业费只要 0.5 元/㎡，8 年未变！还有百万积蓄！［EB/OL］．http：//news. sina. com. cn/o/2017 - 11 - 05/doc - ifynmvuq8712692. shtml.

通过保持低廉的物业费价格、保障高质量的小区物业服务获得更多的业主支持。此外，业主委员会主任徐波是民营企业家，他拥有丰富的管理经验与较强的管理能力，这也是该小区的治理取得成功的一大重要因素。

采用类似的自管模式并且获得显著效果的还有广州海珠区祈乐苑[①]小区。祈乐苑小区一共有1 400户人家，于2014年开始实行自管模式，业主委员会形成三层组织框架：业主委员会—物业中心—下设机构。业主委员会共有10位委员，资金统归业主委员会调配，物业中心直属业主委员会，下设保安部、工程部、清洁部、行政部等部门。[②] 业主委员会委员属于志愿的兼职人员，但物业中心和下设机构人员是通过高薪聘请的专业化人员，同时保障其社保、食宿、福利等方面的待遇，提高其对小区的忠诚度。为了保障业主知情权和监督权，业主委员会还将每月的开支收入在公告栏和网上进行公示，公示内容细致，甚至包括会议中购买水果的费用等，整体上公司化运作。物业费为0.5元/平方米，并且3年都未曾涨价，自管三年盈余五百万。祈乐苑小区通过职业化、专业化、公司化治理模式，积极改善小区基础设施建设，完善公共收支公告制度，提高小区居民的获得感，促进小区内部互信。

成功的业主自管模式普遍具有以下4种特征：①具有三层组织框架：业主委员会—自建物业公司—下设机构；②重视财务信息公开，增强内部互信；③重视社区内部公共设施建设，提高小区居民的获得感；④小区规模偏小，且拥有具有威望的小区治理精英。

① 厉害！这个小区自管后，物业费只要0.5元/㎡，8年未变！还有百万积蓄！［EB/OL］. http://news.sina.com.cn/o/2017-11-05/doc-ifynmvuq8712692.shtml.

② 秦松. 一个小区的“物业自治”样本［J］. 决策探索，2017（5）：36-37.

结语：开创小区治理的新路

根据《布莱克维尔政治学百科全书》的解释，自治（self-government）是指某个人或集体管理其自身事物并且单独对其行为和命运负责的一种状态。[①] 小区自治是一项系统性的治理工程，是小区善治的必由之路[②]，其核心是以业主大会和业主委员会为基础的业主自治制度。《物权法》与《物业管理条例》的颁布实施为小区自治奠定了法理性的制度基础，但以小产权房[③]、公租房、廉租房和经济适用房等为代表的后商品房时代不完全产权房的客观存在，以及正在试点探索中的房产税财税制度改革等相关政策的变迁，对小区治理实践可能产生深远影响，对开创小区自治的新路带来了诸多机遇与挑战。

一、多样化产权并存下的小区治理困境

由于受社会、经济和历史等诸多因素的制约，当前我国城市出现多种房产产权类型，并形成了后商品房时代多样化产权形式并存的奇特现象。我国城市房产产权类型主要可分为完全产权房产与不完全产权房产两种类型，其中前者是指最常见的商品住宅，而后者主要包括小产权房（家庭共有）、经济适用房（与政府共有）、公租房（长短期租赁）和廉租房（长短期租赁）等多种类型产权房产。

（一）小产权房小区业主大会与业主委员会的合法性问题

小产权房一直是政府、房地产行业与学界等多方关注和研究的焦点和难点，是特定社会经济环境下的产物。虽然其能够满足一部分公民对居住的基本需求，但不能得到政府的支持和认可，更不能得到法律的保护。[④] 小产权房从出现至今已有十余年，但政府并没有采取“一刀切”的方式将这种现象扼杀在萌芽阶段，而是通过声明“不合法，不受法律保护”的方式表达了模糊的态度和立场。由

① 米勒，波格丹诺，邓正来．布莱克维尔政治学百科全书［M］．中国问题研究所等，译．北京：中国政法大学出版社，1992：693.

② 杨玉圣．论业主自治与小区善治［J］．清华大学学报（哲学社会科学版），2010，25（3）：117－128，161.

③ “小产权房”不是正式的法律概念，而是人们在社会实践中形成的一种约定俗成的称谓。

④ 楚道文．制度重构：从“小产权房”到公租房的跨越［J］．齐鲁学刊，2012（4）：100－110.

于小产权房本身具有非法性，那么，小产权房小区的业主大会和业主委员会是否具有合法性的地位？小产权房小区的业主委员会与物业公司签订的物业管理服务合同是否具有法律意义等现实问题无法回避，而《物权法》与《物业管理条例》中也尚未对此类问题作出明确规定。随着全国各地房价高企，小产权房在各大中城市城乡接合部久盛不衰。未来，我国小产权房存量将不断增加，此类问题将进一步加剧。

（二）保障性住房小区中租户对小区治理的参与度和关注度问题

从实施“安居工程”到经济适用房政策，再到实施廉租房政策，推行公租房政策，政府在住房保障工作中展开了积极的探索，① 推出多种保障性住房扶持政策②，但同时也使得保障性住房的产权状况愈加复杂。2009 年时任总理的温家宝在《政府工作报告》中首次提出“大力发展公共租赁住房”。2010 年 6 月，七部委联合出台了《关于加快发展公共租赁住房的指导意见》。随后，住房和城乡建设部又于 2012 年 5 月 28 日颁布了《公共租赁住房管理办法》，并于当年 7 月 15 日起施行，对公共租赁住房的管理、分配、运营与退出机制进行了详细的规定，使公共租赁住房的建设和管理逐渐步入了规范化的轨道。住房和城乡建设部、财政部、国家发展和改革委员会联合印发的《关于公共租赁住房和廉租住房并轨运行的通知》（建保〔2013〕178 号）中规定，从 2014 年起，各地公共租赁住房和廉租住房并轨运行，并轨后统称为公共租赁住房。③ 国家“十三五规划”更是提出了“以建立租购并举的住房制度为主要方向深化住房制度改革”的目标。2017 年，住房租赁市场迎来了“爆发式”发展，中央九部委联合发文并选取 12 个城市开展住房租赁市场试点，④ 广州、上海等城市相继出台“租购同权”建设的相关文件以响应“租售并举”的总体目标，北上广深等城市先后推出多宗只租不售的租赁住宅用地，引发社会各界广泛讨论，标志着房地产市场迈向“租购并举”时代。⑤

《中国住房发展报告（2017—2018）》中指出：“十九大报告提出，新时期不断满足人民日益增长的美好生活需要之住有所居需要，需要房地产更加平衡、更加充分的发展来支撑，而破解房地产不平衡不充分发展的问题，关键是要加快推进建立符合国情、适应规律的中国住房发展长效机制，以租购并举开启新时代中

---

① 杨小敏. 公共租赁房资金维持法律问题研究［D］. 昆明：昆明理工大学，2014.

② 楚道文. 制度重构：从“小产权房”到公租房的跨越［J］. 齐鲁学刊，2012（4）：100－110.

③ 魏中元. 基于特征价格模型的公共租赁住房租金定价研究［D］. 北京：北京交通大学，2015.

④ 中央九部委指出：住房和城乡建设部会同国家发展改革委、公安部、财政部、国土资源部、人民银行、税务总局、工商总局和证监会；12 个住房租赁市场试点城市分别是：广州市、深圳市、南京市、杭州市、厦门市、武汉市、成都市、沈阳市、合肥市、郑州市、佛山市、肇庆市。

⑤ 黄燕芬，王淳熙，张超，陈翔云. 建立我国住房租赁市场发展的长效机制——以“租购同权”促“租售并举”［J］. 价格理论与实践，2017（10）：17－21.

国住房新模式。‘房住不炒’‘住有所居’定位基本奠定了中国房地产市场发展的制度建设基调和调控政策方向，促进中国住房市场稳健、均衡、协调发展需要在此定位和基调上坚定调控与改革决心。”①

2018年1月15日，国土资源部部长姜大明在全国国土资源工作会议宣布了两项重大土地改革思路：①政府将不再是居住用地唯一提供者，“我国将研究制定权属不变、符合规划条件下，非房地产企业依法取得使用权的土地作为住宅用地的办法，深化利用农村集体经营性建设用地建设租赁住房试点，推动建立多主体供应、多渠道保障租购并举的住房制度，让全体人民住有所居”。②我国宅基地将探索“三权分置”，“我国将探索宅基地所有权、资格权、使用权‘三权分置’，落实宅基地集体所有权，保障宅基地农户资格权，适度放活宅基地使用权”。业界普遍认为这一改革将随着“租售同权”法律法规的建设，进一步推动房地产租赁市场的扩展。②

可见，拓展住房租赁市场是当前乃至未来一段时间内，国家政策和市场关注的重点。经过几年的大规模建设，目前公租房已进入建设、分配与管理并重的时期，公租房“三分靠建设，七分靠管理”，管理好公租房比建设公租房更考验政府的管理智慧和能力。③

保障房小区的治理存在法理性的障碍和实践性的困难。其一，业主自治制度的基础在于以业主的建筑物区分所有权为法理依据，④ 而保障房的租户对于房屋并不具有所有权，在法理上不具备对小区公共事务的决策权。但是，随着保障性住房的存量增加，如果由政府部门承担对所辖范围内的全部保障房小区的内部管理，必将耗费大量政府财力、物力和人力资源。因此，迫切需要制定各项权利行使和发生冲突时的处理规则，例如保障房小区物业投票权的确定、行使等相关问题。⑤ 其二，由于保障房的所有权并非租户所有，与商品房小区业主相比，租户对小区的心理认同感和归属感可能较弱，因而对小区公共事务的参与热情也可能较弱。其三，保障房制度具有明确的动态“进入—退出”机制，意味着租户本身具有流动性，因此，小区治理面临如何使流动性租户积极参与小区公共事务，如何加强流动性租户的集体行动能力等现实问题。其四，保障房的性质决定了保障房小区的居民大多都是收入中下阶层，虽暂时没有证据表明收入中下阶层的租

---

① 《中国住房发展报告（2017—2018）》，中国社会科学院财经战略研究院、中国社会科学院城市与竞争力研究中心、凤凰财经研究院和广东经济出版社于2017年12月5日共同发布。

② 张晓玲．租赁用地多元供应：打破土地垄断供应的实验［N］．21世纪经济报道，2018-02-05.

③ 闫建．公租房社区服务与管理——基于重庆市“民心佳园”公租房社区的调查［J］．理论探索，2013（2）：82-85；陈淑云，范钦．公租房的后期管理问题及其解决方略——以武汉市为例［J］．城市问题，2014（09）：81-86.

④ 杨玉圣．论小区善治面临的主要矛盾——兼论小区公共事务治理之道［J］．政法论坛：中国政法大学学报，2013，31（3）：55-66.

⑤ 曹伊清，保障房小区物业投票权问题探析［J］．政治与法律，2012（11）：87-95.

户没有小区治理的能力，但整体上租户群体缺乏集体行动的动机。

二、房产税制度改革对小区治理的影响

对个人所有非营业用的房产课征房产税是重大的财税制度改革，也是近年来社会各界关注和热议的焦点问题之一。2003 年党的十六届三中全会首次提出“条件具备时对不动产开征统一规范的物业税，相应取消有关收费”；2009 年中央下发的文件又进一步明确“深化房地产税制改革，研究开征物业税”；2010 年 5 月 31 日，国务院批转国家发改委《关于 2010 年深化经济体制改革重点工作意见的通知》，明确提出“逐步推进房产税改革”；2010 年 1 月 28 日，房产税试点工作在上海、重庆两个城市正式开展。随后，国家发展和改革委员会在《关于 2012 年深化经济体制改革重点工作的意见》指出，2012 年要加快财税体制改革，适时扩大房产税试点范围。[①] 2013 年 11 月，中共十八届三中全会通过的《中共中央关于全面深化改革若干重大问题的决定》再次提出“加快房地产税立法并适时推进改革”。2017 年 12 月，国家财政部部长肖捷在《人民日报》发表文章表示，将按照“立法先行、充分授权、分步推进”的原则，推进房地产税立法和实施。[②] 对于沪渝两地的房产税试点工作的实际效果，学界和实务界一直众说纷纭，不一而足，但总体上对未来“房产税将全面开征”的观点基本达成共识。中国社会科学院发布的《中国住房发展报告（2017—2018）》中建议 2018 年将房产税纳入立法议程，明确房产税时间表。

房产税的开征不仅宏观上有助于国家组织收入、调控房价、调节分配等，而且微观上将对进一步推动小区治理有所裨益。[③] 十九大以来，中央多次重申“房住不炒”即“房子是用来住的、不是用来炒的”的基本定位，课征房产税则是响应中央对住房居住属性的定位的具体举措。房产税制度的实施一方面将在一定程度上降低小区住房空置率，提高小区业主的“在场率”，进而提高业主对小区公共事务的参与积极性；另一方面将明确小区内共有产权部分的产权属性，强化业主对共有产权部分的占有、处置、分配以及收益的权利意识，进而减少因个别业主或者物业公司对共有产权部分的侵占而产生矛盾纠纷。

---

① 孙玉欣．论房产税制改革［D］．昆明：云南财经大学，2013.

② 刘蓉．习近平新时代中国特色社会主义思想的财税改革思考［J］．财经科学，2017（11）．

③ 郭宏宝．房产税改革目标三种主流观点的评述——以沪渝试点为例［J］．经济理论与经济管理，2011，V（8）：53－61；范子英，刘甲炎．为买房而储蓄——兼论房产税改革的收入分配效应［J］．管理世界，2015（5）：18－27；刘剑文．房产税改革正当性的五维建构［J］．法学研究，2014（2）：131－151.

三、小区自治的制度设计与现实差距

曾被誉为“中国城市公民社会的先声”的小区自治制度（业主委员会制度）肩负着学界极高的期待，[①] 被认为是“现代公民社会发育的历史性的机遇和创新社会建设的基本取向”。但事实上，我国小区自治制度设计本身存在较大的超前性，其被期望承担的历史使命与现实治理状况之间存在较大差距。[②]

（一）小区自治社会土壤与历史基因的缺失

由于历史传统，我国缺乏自治的社会土壤和自治的历史基因；在中国的发展历程中也缺乏自治人才的成长空间，除了一些小范围，基本没有经历公民自治的历史，公民更加缺少自治的参与热情。尽管改革开放后，政府将私人生活领域主动释放出来以及选择性让渡政府权力，让社会拥有了一定的自我发育和表达空间，但就当前条件下，政府不可能放弃对社会的控制权和主导权。[③] 在这一现实背景下，小区治理被期待通过自愿性的公益组织在超大规模的自治范围内实现自治管理，显然从立法层面就出现了“天方夜谭”式的跨越，在实践层面更是“乌托邦”式的管理。

（二）小区自治制度设计的结构性偏差

小区的良治是外部联系与内部管理的有机结合。外部联系指向的是小区共同体与街道办、居委会等基层政府组织以及社会管理职能部门之间的对接关系；内部管理指向的是小区共同体与物业管理公司和开发商等利益主体之间的博弈关系。业主委员会作为自治组织，本来就是为了解决内部性的问题（诸如公共池塘资源等问题），但在实践中却被期待用于解决小区与外部组织的法律关系的建立以及法律纠纷的处理等问题上，而小区外部的其他事情应该通过法律机制或者市场契约机制来完成。

（三）国内外小区自治管理幅度的差距

中国在借鉴国外的小区治理机制时忽视管理幅度（居住密度）的问题。与国外的小区相比，中国一个小区动辄上万的业主，甚至业主数万以上的小区也不在少数。相较于西方国家，中国大型小区人口数量几乎等同于一个镇区的人口数量。那么，在如此庞大的群体里，仅靠自愿性的公益组织进行管理，显然“力不

---

① 夏建中，中国公民社会的先声——以业主委员会为例［J］．文史哲，2003（3）：115－121.

② 钟锦芳．广州市社区业主委员会的困境研究［D］．广州：暨南大学，2016.

③ 郭于华，沈原．居住的政治——B 市业主维权与社区建设的实证研究［J］．开放时代，2012（2）：83－101.

从心”。从这个角度来看，中国城市的小区治理能够取得当前的成绩，本身是一种“奇迹”。小区治理是一项系统性工程，开创小区治理的理想模式仍需要从制度设计、管理结构安排、自治力量培育与治理工具开发等多方发力。共同开创共有、共享、共治的城市住宅小区和谐治理之路。

参考文献

专著

［1］俞可平．全球化：全球治理［M］．北京：社会科学文献出版社，2003.

［2］唐娟．共有、共享、共治：城市住宅小区和谐治理的实践与理论探讨［M］．北京：中国社会出版社，2009.

［3］夏建中．中国城市社区治理结构研究［M］．北京：中国人民大学出版社，2012.

［4］李春涛，蔡育天．物业管理基础教程：修订本［M］．上海：上海三联书店，1998.

［5］陈华彬．现代建筑物区分所有权制度研究［M］．北京：法律出版社，1995.

［6］陈枫，王克非．物业管理［M］．北京：北京大学出版社，2007.

［7］徐勇，陈伟东．中国城市社区自治［M］．武汉：武汉出版社，2002.

［8］韦伯．经济与社会：上卷［M］．北京：商务印书馆，1997.

［9］吴晓林．房权政治：中国城市社区的业主维权［M］．北京：中央编译出版社，2016 .

［10］郭于华，沈原，陈鹏．居住的政治：当代都市的业主维权和社区建设［M］．桂林：广西师范大学出版社，2014.

［11］王颖．信息化改变社区［M］．北京：社会科学文献出版社，2012.

［12］塞缪尔·P. 亨廷顿．变化社会中的政治秩序［M］．王冠华，刘为，等译．上海：上海人民出版社，2015.

［13］曾鹏．社区网络与集体行动［M］．北京：社会科学文献出版社，2008.

［14］朱健刚．国与家之间：上海邻里的市民团体与社区运动的民族志［M］. 北京：社会科学文献出版社，2010.

［15］奥尔森．集体行动的逻辑［M］．上海：上海人民出版社，1995.

［16］王利明．物权法论［M］．北京：中国政法大学出版社，1998.

［17］杨玉圣．小区善治研究［M］．北京：社会科学文献出版社，2014.

期刊

［1］高富平．我国居住物业法律制度设计的缺陷及校正——物业小区开放的目的和意义［J］．河北法学，2017，35（11）．

［2］尤佳．团体法视角下业主对公共物业财产权利的性质之反思［J］．法学家，2013（2）．

［3］金锦萍．论物业管理法律制度的重构：从公共物品的角度［J］．学术交流，2016（3）．

［4］于飞．物业管理与物业服务的区分与交叉——兼论我国物业立法概念运用之准确化［J］．浙江社会科学，2012（6）．

［5］仇叶．住宅小区物业管理纠纷的根源——基于合同治理结构变形与约束软化视角的解读［J］．城市问题，2016（1）．

［6］徐银波．决议行为效力规则之构造［J］．法学研究，2015，37（4）．

［7］张农科．关于我国物业管理模式的反思与再造［J］．城市问题，2012（5）．

［8］夏建中．治理理论的特点与社区治理研究［J］．黑龙江社会科学，2010（2）．

［9］胡小君．从分散治理到协同治理：社区治理多元主体及其关系构建［J］．江汉论坛，2016（4）．

［10］杨玉圣．论业主自治与小区善治［J］．清华大学学报（哲学社会科学版），2010，25（3）．

［11］黄晓星．国家基层策略行为与社区过程　基于南苑业主自治的社区故事［J］．社会，2013，33（4）．

［12］郑国洪．法律、信任与物业管理［J］．现代法学，2014，36（6）．

［13］李利文，申彬，彭勃．城市基层治理创新中的“认知内卷化”——以上海 XH 区物业管理深化改革为例［J］．社会科学研究，2016（2）．

［14］朱健刚．以理抗争：都市集体行动的策略　以广州南园的业主维权为例［J］．社会，2011，31（3）．

［15］熊易寒．从业主福利到公民权利——一个中产阶层移民社区的政治参与［J］．社会学研究，2012（6）．

［16］盛智明．组织动员、行动策略与机会结构业主集体行动结果的影响因素分析［J］．社会，2016，36（3）．

［17］何艳玲，钟佩．熟悉的陌生人：行动精英间关系与业主共同行动［J］．社会学研究，2013，28（6）．

［18］吴晓林．中国城市社区的业主维权冲突及其治理：基于全国 9 大城市的调查研究［J］．中国行政管理，2016（10）．

［19］管兵．维权行动和基层民主参与——以 B 市商品房业主为例［J］．社

会，2010（5）.

［20］陈鹏. 当代中国城市业主的法权抗争——关于业主维权活动的一个分析框架［J］. 社会学研究，2010（1）.

［21］朱喜群. 社区冲突视阈下城市社区多元治理中的权力博弈——以苏州市D社区更换物业公司为考察个案［J］. 公共管理学报，2016，13（3）.

［22］徐炜，曾琼. 西方政治社会学理论模式述评［J］. 武汉大学学报（哲学社会科学版），2006（6）.

［23］盛智明，蔡永顺. 私人利益与公共行动：集体行动中积极分子的参与转变——基于A市业主领袖的考察［J］. 东南大学学报（哲学社会科学版），2017，19（1）.

［24］黄荣贵，桂勇. 为什么跨小区的业主组织联盟存在差异：一项基于治理结构与政治机会（威胁）的城市比较分析［J］. 社会，2013，33（5）.

［25］毛寿龙. 人类秩序、小区治理与公共参与的纯理论［J］. 江苏行政学院报，2016（4）.

［26］徐林，方亦儿，薛圣凡. 社区资源禀赋、治理模式与治理绩效［J］. 浙江社会科学，2017（3）.

［27］王菁. 城市社区民主治理绩效评估体系的构建与指标设计［J］. 华东经济管理，2016，30（3）.

［28］单菲菲. 基于公共价值视角的城市社区治理绩效反思［J］. 兰州大学学报（社会科学版），2016，44（6）.

［29］雷岁江，孙荣. 业主自主治理制度绩效测量：一项基于经验数据的研究［J］. 江汉论坛，2012（9）.

［30］李红云. 城市居民居住小区绿化研究［J］. 河南农业，2017（11）.

［31］刘海波. 如何保证高容积率下的居住高品质［J］. 城市开发，2010（2）.

［32］于小北，李斯征，刘佳，霍达. 住宅房地产开发之多目标线性规划及决策分析［J］. 建筑经济，2007（S2）.

［33］陈捷，卢春龙. 共通性社会资本与特定性社会资本——社会资本与中国的城市基层治理［J］. 社会学研究，2009（6）.

［34］陈捷，呼和·那日松，卢春龙. 社会信任与基层社区治理效应的因果机制［J］. 社会，2011，31（6）.

［35］孙小逸，黄荣贵. 制度能力与治理绩效——以上海社区为例［J］. 公共管理学报，2012，9（4）

［36］赵博渊. 由“房改”到“危改”，是非功过任评说［J］. 北京纪事，2012（10）.

［37］马先标. 两房协调的新住房体制构建问题探讨［J］. 经济社会体制比

较，2013（4）.

［38］屈冬梅．浅沂我国业主委员会法律地位与制度构建［J］．现代物业旬刊，2011（2）.

［39］林姜．物权法视野下的业主委员会诉权探究［J］．中国城市经济，2011（1）.

［40］杜志文．《深圳经济特区住宅区物业管理条例》诞生记［J］．中国物业管理，2011（3）.

［41］程博澜．论物业服务合同［J］．长江大学学报（社会科学版），2012，35（1）.

［42］陈幽泓，曹吉丁，孙紫岚．北京物业小区调查报告（一）［J］．现代物业，2009（1）.

［43］冯俊．物业管理中若干法律关系的思考［J］．法学杂志，2003，24（6）.

［44］高智勇．新物管条例［J］．房地产导刊，2008（1）.

［45］张中．物业服务企业要贯彻“以人为本”的服务理念［J］．企业家天地下半月刊（理论版），2009（8）.

［46］向云．中国内地第一个业主委员会诞生始末［J］．中国物业管理，2011（5）.

［47］刘兴桂，刘文清．物业服务合同主体研究［J］．法商研究，2004（3）.

［48］韩增辉，周珂．物业管理中的业主自治机构法律性质浅析［J］．法学杂志，2005（3）.

［49］张磊．业主维权运动：产生原因及动员机制——对北京市几个小区个案的考查［J］．社会学研究，2005（6）.

［50］卢海燕．业主委员会制度的缘起、现实困境与制度选择［J］．城市问题，2007（2）.

［51］黄世超．“互联网＋”：政府创新服务，行业正本归真——访深圳市物业专项维修资金管理中心副主任潘霞云［J］．住宅与房地产，2016（Z1）.

［52］陈淑云．城市居住区物业管理与社区管理有效整合机制［J］．华中师范大学学报（人文社会科学版），2009，48（5）.

［53］王梅．内“优”外“换”，解决小区停车难！［J］．城市公用事业，2013，27（6）.

［54］刘政．物业管理酬金制与包干制比较［J］．中国房地产，2015（13）.

［55］朱元珑．日本集合住宅的物业管理方法对我国商品房物业管理的启示［J］．现代物业（中旬刊），2016（8）.

［56］李卫．浅谈日本的物业管理［J］．中国物业管理，2012（1）.

［57］侯海涛．“至高无上”的业主——日本住宅小区物业管理扫描［J］．

中国房地信息，2004（7）．

［58］陈立行．日本业委会如何处理业主间的矛盾［J］．城市开发，2013（5）．

［59］何海兵．我国城市基层社会管理体制的变迁：从单位制、街居制到社区制［J］．管理世界，2003（6）．

［60］陈雪莲．从街居制到社区制：城市基层治理模式的转变——以“北京市鲁谷街道社区管理体制改革”为个案［J］．华东经济管理，2009（9）．

［61］杨玉圣．论小区善治面临的主要矛盾——兼论小区公共事务治理之道［J］．政法论坛：中国政法大学学报，2013，31（3）．

［62］王汉生，吴莹．基层社会中“看得见”与“看不见”的国家——发生在一个商品房小区中的几个“故事”［J］．社会学研究，2011（1）．

［63］倪正茂．社区维权与和谐社会建设（下）［J］．现代物业，2008（3）．

［64］江立华，梁贤艳．娘家与亲家：城市居民小区良性治理关系的生成机制研究［J］．吉首大学学报（社会科学版），2018（1）．

［65］周黎安．行政发包制［J］．社会，2014，34（6）．

［66］周雪光．基层政府间的“共谋现象”——一个政府行为的制度逻辑［J］．开放时代，2009（12）．

［67］艾云．上下级政府间“考核检查”与“应对”过程的组织学分析——以A县“计划生育”年终考核为例［J］．社会，2011，31（3）．

［68］O'BRIEN K J，LI L. Selective policy implementation in rural China［J］. Comparative politics，1999，31（2）．

［69］杨爱平，余雁鸿．选择性应付：社区居委会行动逻辑的组织分析——以G市L社区为例［J］．社会学研究，2012（4）．

［70］李正东．城市社区冲突：强弱支配与行动困境——以上海P区M风波事件为例［J］．社会主义研究，2012（6）．

［71］闵学勤．社区自治主体的二元区隔及其演化［J］．社会学研究，2009（1）．

［72］城乡社区服务体系建设规划［J］．社会与公益，2016（12）．

［73］赵文凯，张播．居住小区不因市场而失效——小区理论在市场机制下的理解与应用［J］．城市规划，2010（9）．

［74］黄荣贵，桂勇．互联网与业主集体抗争：一项基于定性比较分析方法的研究［J］．社会学研究，2009（5）

［75］赵廷彦，社区失谐与社区社会资本的重构［J］．社会科学辑刊，2007（2）．

［76］秦松．一个小区的“物业自治”样本［J］．决策探索，2017（5）．

［77］楚道文，制度重构：从“小产权房”到公租房的跨越［J］．齐鲁学

刊，2012（4）．

［78］黄燕芬，王淳熙，张超，陈翔云．建立我国住房租赁市场发展的长效机制——以“租购同权”促“租售并举”［J］．价格理论与实践，2017（10）．

［79］曹伊清．保障房小区物业投票权问题探析［J］．政治与法律，2012（11）．

［80］刘蓉．习近平新时代中国特色社会主义思想的财税改革思考［J］．财经科学，2017（11）．

［81］夏建中．中国公民社会的先声：以业主委员会为例［J］．文史哲，2003（3）．

［82］郭于华，沈原．居住的政治——B市业主维权与社区建设的实证研究［J］．开放时代，2012（2）．

［83］吴雪娟，王琳．建立社区治理绩效测评指标体系的真善美标准［J］．消费导刊，2008（15）．

［84］吴晓林，李咏梅．旧乡村里的新城区：城市“新增空间”的社区风险治理［J］．北京行政学院学报，2016（4）．

［85］李霞，陈伟东．社区自组织与社区治理成本——以院落自治和门栋管理为个案［J］．理论与改革，2006（6）．

［86］王思斌．体制改革中的城市社区建设的理论分析［J］．北京大学学报（哲学社会科学版），2000（5）．

［87］张大维，陈伟东，孔娜娜．中国城市社区治理单元的重构与创生——以武汉市“院落自治”和“门栋自治”为例［J］．城市问题，2006（4）．

［88］张兰兰．“阳光下”的自治能否破解小区收费难？物业管理酬金制试行调查［J］．中华建设，2016（12）．

［89］刘洪湘．热议酬金制——酬金制：一种双赢的选择［J］．城市开发：物业管理，2012（10）．

［90］郑梅华，张云波，祁神军．酬金制物业管理多任务激励机制研究［J］．武汉理工大学学报（信息与管理工程版），2012，34（2）．

［91］郭宏宝．房产税改革目标三种主流观点的评述——以沪渝试点为例［J］．经济理论与经济管理，2011，V（8）．

［92］范子英，刘甲炎．为买房而储蓄——兼论房产税改革的收入分配效应［J］．管理世界，2015（5）．

［93］刘剑文．房产税改革正当性的五维建构［J］．法学研究，2014（2）．

［94］朱涛．中国业主自治组织主体地位的演进与建构［J］．私法研究，2015（1）．

［95］石发勇．业主委员会、准派系政治与基层治理——以一个上海街区为例［J］．社会学研究，2010，25（3）．

［96］石发勇．社会资本的属性及其在集体行动中的运作逻辑——以一个维权运动个案为例［J］．学海，2008（3）．

［97］温莹莹．非正式制度与村庄公共物品供给——T村个案研究［J］．社会学研究，2013（1）．

［98］刘娟，陆继霞，叶敬忠．社会保障资源安排中的逻辑与政治——以华北一个村庄为例［J］．公共管理学报，2012，9（1）．

［99］朱艳．浅析物业管理业主满意度评价指标体系的构建［J］．现代物业旬刊，2013（1）．

学位论文

［1］雷晶晶．城市社区治理绩效评价研究［D］．湘潭：湘潭大学，2015.

［2］王森．小区业主自治困境的原因分析及善治途径［D］．上海：复旦大学，2011.

［3］陆晶婧．社会转型背景下的邻里空间、制度能力与社区治理绩效［D］.上海：复旦大学，2013.

［4］窦飞宇．基于住宅用户满意度的居住小区容积率研究［D］．广州：华南理工大学，2013.

［5］李旻．构建业主自治团体的几点思考［D］．上海：复旦大学，2011.

［6］李晓萍．业主知情权的法律保护研究［D］．广州：广东财经大学，2017.

［8］文中发．住宅物业小区治理的实证研究［D］．成都：四川大学，2005.

［9］魏其燕．甘肃省物业服务行业发展的政策优化研究［D］．兰州：兰州大学，2014.

［10］杨小敏．公共租赁房资金维持法律问题研究［D］．昆明：昆明理工大学，2014.

［11］魏中元．基于特征价格模型的公共租赁住房租金定价研究［D］．北京：北京交通大学，2015.

［12］孙玉欣．论房产税制改革［D］．昆明：云南财经大学，2013.

［13］钟锦芳．广州市社区业主委员会的困境研究［D］．广州：暨南大学，2016.

论文集

［1］邹家健．社区多元化治理模式研究——推动业委会向“小区服务中心”转型［C］//和谐社区通讯 2017 年第 1 期（总第 48 期）．北京：北京市海淀和

谐社区发展中心，2017.

[2] 刘建荣. 酬金制与包干制两种收费模式比较 [C] // 中国物业管理协会理事会第二次全体会议. 2008.

[3] MORRIS A D, STAGGENBORG S. Leadership in social movements [C] // SNOW D A, SOULE S A, KRIESI H. The blackwell companion to social movements. New Jersey: Wiley-Blackwell Publishing Ltd, 2004.

电子文献

[1] 杨绍功. 每日电讯：解决物业纠纷，关键要找到最大公约数 [EB/OL]. http://opinion.people.com.cn/n1/2017/0714/c1003-29404475.html.

[2] 孙莹. 广州小区成立业委会比例低于全国水平 [EB/OL]. http://gz.house.163.com/13/1105/07/9CTCEN1900873C6D.html.

[3] 小区物业管理中物业费包干制与酬金制的区别 [EB/OL]. http://www.sdwuye.com/Article/ziliao/201507/13881.html.

[4] 厉害！这个小区自管后，物业费只要0.5元/m²，8年未变！还有百万积蓄！[EB/OL]. http://news.sina.com.cn/o/2017-11-05/doc-ifynmvuq8712692.shtml.

[5] "酬金制"模式破解物业难题 唱经楼小区"展新颜" [EB/OL]. http://house.people.com.cn/n/2015/0825/c164220-27514754.html.

[6] 物业服务收费管理办法 [EB/OL]. http://www.china.com.cn/chinese/PI-c/449136.htm.

[7] 高档豪宅12岁"百废待兴" 新天国际名苑业委会诞生记 [EB/OL]. http://www.sznews.com/news/content/2015-04/20/content_11479532_2.htm.

[8] 【关注】业主委员会该如何破解"信任危机"？[EB/OL]. http://www.sohu.com/a/209977244_99910418.

[9] "酬金制"破解老小区物业管理困局 [EB/OL]. http://sh.people.com.cn/n/2015/0518/c134768-24903994.html.

[10] 物业管理条例 [EB/OL]. http://www.gov.cn/gongbao/content/2016/content_5139402.htm.

[11] 中华人民共和国物权法 [EB/OL]. http://www.npc.gov.cn/wxzl/gongbao/2007-03/16/content_5366956.htm.

[12] 中华人民共和国民事诉讼法 [EB/OL]. http://www.npc.gov.cn/wxzl/gongbao/2000-12/05/content_5004551.htm.

报纸文章

[1] 丁国锋. 物业纠纷渐成"城市病"亟待合力诊治 [N]. 法制日报,

2017－05－10.

［2］李秀瑜．“管家”当“大爷”，业主成“孙子”？［N］．深圳商报，2016－04－21（A09）．

［3］计科宪．物业管理：美国人交给了社区协会［N］．检察日报，2007－06－25（008）．

［4］张晓玲．租赁用地多元供应：打破土地垄断供应的实验［N］．21 世纪经济报道，2018－02－05.

［5］中共中央国务院关于进一步加强城市规划建设管理工作的若干意见［N］．中华人民共和国国务院公报，2016－03－10.

［6］习近平．决胜全面建成小康社会　夺取新时代中国特色社会主义伟大胜利——习近平同志代表第十八届中央委员会向大会作的报告［N］．人民日报，2017－10－19.

后 记

本书从构思、草拟大纲，到各章撰稿，再到统稿及最终定稿，编写人员花费了大量的时间和心血。在本书即将付梓之际，我们非常乐意将编写过程中的感悟分享给各位读者。

小区是社会治理的基点，但也常常成为社会治理的难点。小区治理架构本应成为小区业主自我管理和自我服务的组织基础，但经常不得不面对“成立难”“运行难”的窘境，这就说明我们还需要继续探索改善小区治理的良方，突破小区治理的“瓶颈”，让小区治理高效运转起来。摆在读者面前的这本书，正是我们在这方面所做的积极努力。这本书希望呈现给读者的是系统全面的内容体系、跨学科的研究视角，以及具备可操作性的对策建议。此外，本书将小区治理的基本理论与典型案例有机结合，旨在提升理论的可理解与可感知度，同时使得案例的研读与分析更为透彻。我们也希望本书在向读者普及相关政策法律知识的同时，又能在实践中给予读者以启发。

本书内容既包括国内外有关小区治理的理论分析与经验总结，又有基于编写人员实际调查所进行的数据分析与对策建议。在本书即将出版之际，我们谨向学术界的各位前辈、同仁以及为本次编写工作费心费力的研究生同学们，表示最衷心的感谢。本书由杨君老师负责草拟大纲。各章撰稿人为：梁靖愉（第一章）；卢恋、郭琴、邓盛杰（第二章）；郭琴（第三章）；郑雪（第四章）；邓盛杰（第五章、结语）。统稿、定稿工作由杨君老师、卢恋和郭琴负责。

虽然我们在编写过程中尽可能吸收学术界各位专家的学术成果，但限于编写者的研究水平和时间仓促，难免存在不足、疏漏和错误，恳请专家、学者批评赐教。